Creación y Comercialización de Video

2ª Edición

MARCOS SOCORRO NAVARRO

IT Campus Academy

ISBN : 978-1536851137

Tabla de contenido

INTRODUCCIÓN

A través de nuestros sentidos podemos percibir e interactuar con nuestro mundo. Nuestros sentidos, especialmente el oído y la vista, desde la cuna, son los primeros que utilizamos en esta interacción. Nuestros órganos sensoriales envían señales al cerebro y del reconocimiento de estas señales se forma la información con respecto a la interacción con el medio ambiente en el que estamos. El proceso de comunicación entre las personas depende en gran parte de nuestra comprensión de estos sentidos de formas que, cuando la información se percibe más efectiva es la comunicación.

Por ejemplo, cuando escribimos una carta a alguien que describe un viaje interesante. La persona que lee la carta no tiene otra información que la del texto escrito. La comunicación viaja en una sola dirección. Tenemos que esperar una carta de respuesta para encontrar la reacción de la persona. Ahora suponga que ha enviado una foto, la cantidad de información transmite en gran medida mejor la comprensión de la otra persona. La comprensión sobre los viajes mejoraría mucho si enviásemos un video.

Por otro lado, cuando hablamos con alguien por teléfono, ¿Qué se pierde en este tipo de comunicación con respecto a una conversación cara a cara? En este caso, no podemos ver a nuestro

Interlocutor, es decir, no podremos ver los gestos y las expresiones corporales que acompañan a la conversación que son de gran importancia en la comunicación. En un sistema de vídeo conferencia se puede observar todas estas características que faltan. Los tipos de comunicación vía carta o por teléfono restringe el uso de varios elementos. Entonces, ya podemos ver que cuanta más información se envía, mejor será el impacto de esta.

El desarrollo de las computadoras también ha contribuido a la mejorar comunicación, ya que los computares han evolucionado hasta llegar en la actualidad a ordenadores personales y dispositivos móviles que proporcionan la información que contienen los archivos de sonido, imágenes, vídeos, etc. a un bajo coste y con un alto rendimiento. En este contexto podemos definir:

- Multimedia es cualquier combinación de texto, gráficos, sonido, animación y vídeo transmitida por el ordenador o dispositivo móvil.
- Multimedia Interactiva, cuando permite al usuario controlar cuándo y qué se transmitirán elementos.
- Hipermedia estructura de elementos vinculados a través del cual el usuario puede mover.

La mayor diferencia entre los medios tradicionales como la radio y la televisión con la multimedia digital es la noción de la interactividad. Los ordenadores permiten a los usuarios interactuar con los programas. Esta interacción es tan importante que puede ser considerado como parte de multimedia.

Los Medios de Comunicación

Por falta de conocimiento, a menudo son llamados medios de comunicación, los tipos de elementos que se puede representar para los seres humanos. Los elementos representativos como texto, sonido e imagen pertenece a una categoría de media llamada medios de representación y de hecho, los medios de comunicación se pueden clasificar en cuatro categorías:

- Percepción de Medios;
- Representación mediática;
- Soporte de almacenamiento;
- Medio de transmisión.

Medios de Percepción

Son computadoras que tienen como objetivo estimular los sentidos de los seres humanos. La Visión y la audición son los estímulos naturales de los monitores y de las tarjetas de sonido. El contacto puede estar relacionado con aplicaciones de realidad virtual. Existen estudios y prototipos ya desarrollados para el estímulo de olor y del paladar.

Medios de Representación

Son los elementos que se utilizan para representar una idea, como: texto, vectores y la imagen gráfica estática (matriz), audio, vídeo y animaciones. Para el desarrollo de proyectos multimedia, uno debe tener en cuenta el efecto de cada elemento en el comportamiento humano, como se muestra en las curvas de la figura de abajo.

Un buen proyecto multimedia debe contener estos elementos distribuidos de manera uniforme, dependiendo de dónde se encuentre. Por ejemplo, un proyecto multimedia para un hotel que se encuentra en el centro histórico de una cuidad. Esta aplicación multimedia puede contener una parte que trata sobre la historia del lugar donde se deben utilizar textos y figuras ilustrativas, despertando el lado intelectual de los seres humanos. Por el contrario, la misma aplicación puede contiene vídeos y figuras ilustrativas del hotel, acompañados por música, con ello va a despertar el lado emocional del ser humano. Existen muchas películas de cine que han logrado un gran éxito de taquilla gracias a un buen sonido y una buena música.

Soportes de Almacenamiento

Podemos citar diversas formas de almacenamiento, como los cartuchos para los vídeo juegos, CD-ROM para juegos de ordenador y vídeo, discos externos, Bluray, etc... como soportes interactivos entre otros.

Medios de Transmisión

Son todos los medios de transmisión que se utilizan para la colocación de los medios de representación. La característica principal que debe tenerse en cuenta es el ancho de banda que puede ir desde unos pocos cientos de kbytes por segundo hasta unas cuantas decenas de Mbytes por segundo. Se debe tener en cuenta que estas solicitudes deben ser procesadas en tiempo real a medida que los datos tienen carácter continuo, por lo que también otras características se deben tomar en consideración:

- Disminución de latencia reducida: Retardo de la recepción de los paquetes transmitidos.
- Jitter: Variación de retardo de los paquetes transmitidos.
- Tasa de pérdida de fotogramas: Tasa de pérdida de paquetes.
- La tasa de error de bits: Tasa de bits recibidos con errores.

Hay técnicas y protocolos que soportan esta

transferencia de datos. Como las técnicas streaming y multicasting.

STREAMING MEDIA

Streaming es la técnica que consiste en dividir un archivo en trozos y enviarlos al usuario en secuencia y de forma continua. El receptor puede utilizar o reproducir los datos a medida que llegar. El software del receptor puede comenzar a procesar los trozos en cuanto se reciben. Por ejemplo, un sistema de transmisión puede dividir un archivo de audio en varios paquetes, con tamaños ajustados al ancho de banda disponible entre el cliente y el servidor.

Cuando el cliente ha recibido suficientes paquetes, el software puede reproducir simultáneamente un paquete, descomprimir otro y recibir un tercero. Este modelo contrasta con el método más tradicional, donde la reproducción se retrasa hasta que se haya recibido la totalidad del archivo.

El Streaming de vídeo puede ser definido como una secuencia de imágenes en movimiento que se envían a través de una red de datos, de forma comprimida y que pueden ser reproducidas por un usuario a medida que llegan a su destino. El Streaming Media es la combinación de transmisión vídeo y de audio. Por lo tanto, un usuario Web no necesita esperar a que la recepción de los archivos de gran tamaño se complete para ver el video y escuchar el audio. Esto es porque los medios de comunicación envían los datos de una manera continua y se reproducen como llegan a su destino. El usuario debe utilizar una aplicación que jugar los medios de comunicación para descomprimir los datos, el envío de información de vídeo para vigilar y señal de audio a los altavoces. Este programa llamado jugador, puede ser parte de parte de una WEB Navegador o prestados por terceros.

Tecnologías transmisión Vídeo y transmisión Audio estaban empleados en siguientes usos comerciales: RealSystem G2 por RealNetworks, Microsoft Windows Media Tecnologías y VDO.

La multidifusión

En las comunicaciones tradicionales se implican múltiples puntos simultáneamente, para cada paquete del host de origen se hace una replicación para el número de host de destino, y cada paquete es enviado a su destino por separado. Este modelo impone una limitación en el número de máquinas que podrían estar involucradas en la comunicación, debido a que el tráfico generado en las redes y a los requerimientos computacionales de host origen, que genera copias de cada paquete, aumenta linealmente con el número de hosts destinos involucrados.

Sin embargo, existen tecnologías que abordan estas limitaciones, estas se llaman soluciones escalares de la red. El uso de la multidifusión IP es una de estas soluciones.

CREACIÓN DE VIDEOS ONLINE

Todo el proceso de creación de video online de calidad se reduce a cuatro pasos:

- Objetivos
- Mensaje
- Formato
- Distribución y promoción

OBJETIVOS

Cada video que hace tiene un propósito, así que ten en cuenta lo que quiere lograr al crear el video. Algunos de los objetivos más obvios son:

- Impulsar la exposición
- Redireccionar el tráfico a su sitio
- Construir credibilidad y veracidad
- El desarrollo de la marca
- Ganar un punto de apoyo en el mercado

El video puede hacer todo por usted, pero considerar qué elemento de su negocio necesita un mayor impacto. Lo que tiene en mente, asegúrese de que es parte de la estrategia global de marketing ya que el video tiene que ser integrado en el plan de marketing principal con el fin de que sea más eficaz.

EL MENSAJE

Un video efectivo se centra más en el contenido en lugar de la tecnología. ¿Cuándo se crea el video, tenga en mente a su audiencia y déles algo valioso. Una persona estándar cuando busca en el ordenador con un índice de atención relativamente bajo y esto se puede reflejar en el video online donde los videos de larga duración o complicados consiguen niveles muy bajos de audiencia. Sea breve y conciso, y tenga en cuenta estos factores:

- Consistencia: los espectadores podrían confundirse si se desvía del propósito principal del video
- Establecer un tema general de los videos
- Concéntrese no sólo en lo que se dice sino en el cómo se dice
- No perder el foco central de su mensaje

Si el mensaje de video es claro y coherente la gente no debería tener problemas para entender su mensaje. A los clientes no les gusta los mensajes complicados, así que si proporciona mensajes consistentes, sencillos y claros, el mensaje se convertirá en una parte de su marca.

El Formato

Ahora bien, esta parte implica decidir sobre el tipo de parto que prefiere para el video. Usted puede decidir aparecer ante las cámaras, crear una presentación de diapositivas o de captura de pantallas, hacer una transmisión en vivo, etc. Usted tiene varias opciones para trabajar con el video y puede probar uno o más en diferentes formatos de video. Echemos un vistazo a los siguientes formatos:

- Grabación en directo a través de una cámara web: este es probablemente el más rápido y la opción más sencilla
- Grabación en directo a través de un webcast: sitios web como Ustream.tv, este servicio es gratuito
- Por ubicación: se trata de que llevar una cámara portátil y, posiblemente, también un trípode para cuando grabe al aire libre
- La captura de pantalla o presentación de diapositivas: puede utilizar PowerPoint para esto, o quizás Jingproject o Prezi
- Creación de video o foto montaje con herramientas como Animoto
- Recuerde el formato de salida que elija para el video, el formato también determina en gran medida la eficacia del mensaje transmitido.

Tenga en cuenta su estilo personal, la actitud y la de su público objetivo, y luego encuentre un marco con el que trabajar.

Algunos videos tienen la intención de ser divertidos, algunos son sólo promocionales y otros son más formales y de autor. ¿En qué categoría quiere transmitir su mensaje? Antes de armarse usted mismo con una minicámara o una cámara digital, observe con cuidado su tono y decida con suficiente antelación el modo en el que desea conectar con el público objetivo, a continuación, empiece a hacer los ajustes para el rodaje. Vamos a hablar de la distribución y de la promoción en otro capítulo.

La Estrategia

Al igual que cualquier otra forma de comercialización, se necesita una estrategia que nos lleve a través de su campaña de marketing. La estrategia será una guía paso a paso que cubrirá exactamente lo que quiere lograr y cómo va a lograrlo.

Esta estrategia puede incluir una lista detallada de las acciones que debe cubrir en un período de tiempo concreto; el contenido de ejemplo, la optimización, etc. Aprenda más sobre esto, para empezar a poner en práctica los aspectos específicos de la campaña.

Pero, ¿cómo crear la estrategia? El video online es un elemento de un plan de marketing más amplio y hay varios factores que hay tenemos que en cuenta aquí, como elaborar un plan para hacer crecer su negocio. Comience con estos tres factores, ya que le ayudará a darse cuenta de lo que quiere lograr y cómo que tiene que hacer para lograr sus objetivos.

El propósito del video

Esto es, obviamente, el factor más importante cuando se

trata de crear videos eficaces para su estrategia de marketing. Escriba lo que quiere que suceda, después sus clientes potenciales mirarán el video. Tal vez esté buscando vender más productos, aumentar el número de seguidores o conseguir más suscriptores: cualquiera que sea el objetivo, sabiendo cual es el objetivo le ayudará a trazar un plan que girará en torno a él. Si tiene varios objetivos, escríbalos todos y alinee el concepto del video para que pueda cumplir con esos objetivos específicos.

Comience por determinar lo siguiente:

- Las emociones específicas que están tratando de invocar, y por qué. Podría comenzar con la codicia, el miedo y la emoción; eso suele funcionar bastante bien.
- El objetivo son los compradores: a acción que hace que los clientes potenciales compren después de ver el video
- Usted necesita un video centrado en su objetivo y reproducible por los potenciales clientes

Estas consideraciones le ayudará lograr el video deseado.

LA CREACIÓN DE LOS VIDEOS

Esto también es una cuestión funcional importante. ¿Tiene pensado hacer los videos usted mismo o le será más cómodo contratar a un productor experimentado que hacerlo usted? En los casos de los videos personales informales, tienden a producir un mejor efecto cuando se comparan con las típicas super-producciones de anuncios formales que flotan alrededor de las empresas. Esto podría ser una opción decente para el propietario de una pequeña empresa, pero eso lo decide usted, asegúrese de que el video es útil para los espectadores.

La Medición de los Resultados

Una vez producido y publicado un video, necesitará saber cómo responde el público al video, ya que es la manera de averiguar si se acercando más a sus objetivos. Por ejemplo, si su plan era aumentar su lista de suscriptores, puede que tenga que seguir de cerca el número de nuevos suscriptores y averiguar si está algún suscriptor nuevo por la tracción al video.

Una medida útil es centrarse en la capacidad de atención de su cliente potencial estándar. Puede averiguar que la mayoría de sus clientes potenciales sólo visualizan unos pocos segundos del video, lo nos sugieren que sus introducciones son demasiado largas. Lo cual nos indica que deberá encontrar una manera de recortar la introducción y, si es posible, hacerlo bien en lo sustancial del contenido.

Cuando comience a trabajar con estos tres factores, usted ya habrá cubierto los principios básicos y ya sabrá cómo utilizar con eficacia el poder de marketing de video para beneficiar su marca. Pero antes de cerrar este tema, veremos cómo puede optimizar adecuadamente los videos para lograr un efecto más profesional.

OPTIMIZAR EL VIDEO PARA LA COMERCIALIZACIÓN

Hay un error común acerca del video, aunque los nuevos empresarios asumen que pueden conseguir miles y miles de clientes simplemente cargando un montón de videos promocionales en YouTube y sentándose a contar el dinero de sus ventas. En efecto, la idea de lograr una exposición global de su marca suena emocionante, pero recuerde que hay que trabajar mucho para lograr el éxito antes de poder sentarse pegado a la pantalla de ordenador con las manos entrelazadas de alegría, contando los miles de visitantes que tenemos y como se incrementan nuestras ventas.

De la misma manera optimizar la página de destino (landing page) y construir grandes campañas en torno a una pequeña parte escrita, como un slogan, para asegurarse de que funciona, se necesita un enfoque similar con el video. Básicamente, usted no puede contar con que cada video que produzca vaya a convertirse en un video viral, pero con un poco de inspiración se puede encontrar una manera de añadir algo interesante para el espectador, personalizado hacia él lo cual impulsará su negocio.

Crear Call to Actions

¿Alguna vez has visto un video del producto hasta el final y has visto que ha acabado en una pantalla negra? Es una oportunidad perdida, lo cual es sorprendente porque la mayoría los vendedores saben lo importante que es tratar de no cometer el mismo error.

Al crear su próximo video, incluya las CTA como una manera de dirigir al espectador a su objetivo específico. A continuación vamos a ver como se hace:

- El anfitrión del video podría sugerir directamente al espectador
- Use un montón de anotaciones de YouTube inteligentemente diseñadas para apuntar a los recursos específicos

Incluya un enlace al final y utilícelo para dirigir a los espectadores a su página de destino. Además de hacer las CTA directas, asegúrese de que también proporciona varias opciones para que su público pueda llegar a usted. Una sola demostración puede no afectar a su conversión objetivo, no todas las personas son las que toman las decisiones, por ello deberá de incluir por lo menos un par de CTAs, una dirigida a los espectadores que están preparados para tomar decisiones, y otra CTA dirigida los clientes potenciales indecisos para intentar persuadirlos mediante nuestros contenidos.

MÉTODO DE CAPTURA DE CLIENTES

Es una característica que se trasladó desde el mundo de los contenidos escritos directamente al mundo del video. Después de crear el video, considere añadir una dirección de correo electrónico y permita que su contenido sea compartido, por las principales sociales redes, asegurando así que el público pueda contactar con usted, por si acaso quieran darnos sus datos personales para contactar con ellos. Existen varias plataformas de video online que le permiten construir un formulario de contacto que puede ser incluido en el video; con ello podemos conseguir más información de nuestro público.

Algunas buenas prácticas a tener en cuenta para capturar clientes del video son:

- Los enlaces al Email funcionan mejor en un video dirigido a espectadores específicos: como es el caso de las demostraciones de productos muy detalladas que son largas.
- Trate de minimizar el campo cuando configure el formulario de contacto de sus videos. Usted no querrá que sus clientes potenciales se cansen mientras completan el formulario de inscripción.

La próxima vez que cree un video de marketing, comience mediante la implementación de estos pasos. Estos son la base del gran video online, eficaz y le ayudará a agilizar el proceso, asegurándose de que el video se realiza bien en cada parte del proceso de compra.

El marketing Inbound

Si va a crear contenido promocional como una manera de promocionar su marca a los consumidores, entonces ya está utilizando el marketing inbound. Cuando combina el poder del correo electrónico, blogs, redes sociales, podcasts y otros canales de promoción, se consigue, con una buena estrategia, hacer crecer su marca, pero mediante la adición de videos, se eleva a otro nivel de compromiso en el que maximiza su potencial de audiencia.

Vamos a ver cómo se puede introducir el video en algunos de los canales más útiles con el fin de maximizar el efecto del marketing inbound de la campaña.

Email

Según los datos recogidos por eMarketer, las empresas que incorporan video en sus emails tienen tasas más altas de click-through (a través de los clics), mayor intercambio y promoción, mayor de tiempo de lectura de los emails, incrementan los ratios de conversión y logran mayores ingresos.

Si la estrategia de marketing que necesita para crear y retener suscripciones de email, entonces incorporar el video en los emails es una buena opción para usted. Eloqua, una compañía que se especializa en la prestación del servicio de marketing por correo electrónico automatizado, señala que las empresas que incluyen el video en sus mensajes de correo electrónico experimentan una caída del 75% en los suscriptores opt-outs, que son los suscriptores que solicitan la baja de la suscripción. Otra empresa que opera en el mercado del marketing online ha informado recientemente de un crecimiento de 51% en los ratios de conversión de los suscriptores por lead (solicitud de información – formulario de contacto) en los casos en los que se incluía el vídeo en los correos electrónicos.

Aunque puede que le resulte difícil de integrar el video en su correo electrónico sin ningún problema de reproducción, no dejes que esto le detenga. Incluya un número de enlaces clickables en el video, así como backlinks que conduzcan a sus clientes potenciales a su sitio web, que ,por supuesto, deberá ofrecer más videos.

El blog

Existe un gran número de usuarios de Internet buscan el contenido de video de los artículos de modo que si sus artículos no disponen de videos, perderá clientes potenciales. Eche un vistazo a las estadísticas de a continuación:

- El 40% de los usuarios de Internet responden mejor a los mensajes visuales que a los mensajes de texto plano (Zabisco).

- En comparación con el texto sin formato, el contenido de video genera hasta un tres veces más enlaces entrantes (SEOmoz)
- Los espectadores van a pasar 100% más de tiempo en sus páginas si tienen videos

LAS REDES SOCIALES

A medida que más empresas invierten dinero en aplicaciones de video sociales como Instagram y Vine, no vas a encontrar un mejor momento para incorporar videos en los medios de comunicación social.

Tenga en cuenta, sin embargo, que el valor de cualquier video social reside únicamente en lo compartible que sea; por lo que si a su público objetivo le gusta los videos y los comparten en sus redes sociales, aumentará su visibilidad y aumentará la conciencia de gente sobre su empresa.

BI Intelligence informa de que las redes sociales y el boca a boca son las principales formas en las que las personas descubren el contenido de video online, por lo que, obviamente, necesitará proveer a sus suscriptores y fans videos atractivos y de esta manera conseguirá una mejor visibilidad. Con el fin de dirigir el tráfico a sus páginas de destino, asegúrese de que incluir una CTA clara en los mensajes de video.

El marketing inbound trata más sobre cómo atraer a los

clientes potenciales que de enviarles mensajes a ellos para que tengan que encontrar una manera de generar el intercambio orgánico alrededor de sus videos. Las acciones amplían el crecimiento y el alcance de su mensaje y, como resultado, su marca se hace más valiosa y obtendrá mayores beneficios.

EL SEO EN EL VIDEO

Una comercialización verdaderamente eficaz requiere la sinergia en los campos de la técnica y la creatividad; esto es lo que nos asegura que los videos sigan siendo relevantes y atractivos.

La correcta aplicación de SEO implica un trabajo técnico importante. El Video SEO no se inicia con la producción y tampoco termina al hacer clic en el botón de publicar: una buena estrategia SEO incluirá una significativa implementación técnica. Esto asegura que su video pueda ser visualizado por las personas adecuadas en el lugar correcto y en el momento adecuado, y si el video es uno en los que ha mostrado su genio creativo, a continuación, los comentarios sobre el video se conviertan en un beneficio real.

Los motores de búsqueda posicionan muy bien los videos en las redes sociales cuando crean su clasificación mediante sus algoritmos, por lo que el papel del video en sus esfuerzos de marketing no harán más que crecer con el paso del tiempo. La comercialización de video en el pasado era más complicada porque era muy costoso pero el éxito del formato de video corto es bueno para aquellos vendedores que no tienen grandes cantidades de dinero para poder producir videos largos.

Los videos cortos fomentan la experimentación y la creatividad y aseguran que el contenido que se está subiendo es reactivo y mucho más relevante. Sube tus videos a todos los canales de comercialización principales incluyendo Twitter, Facebook, Instagram, Metcafé, Vimeo y Google+ y etiquete los videos. Al publicar el video asegúrese de habilitar todas las características que faciliten que los usuarios compartan los videos en sus propias redes sociales.

Existen muchas personas que invierten una gran número de horas al día viendo videos online, con lo que un vendedor como usted deberá aprovechar esta oportunidad para promocionar su marca a un público más amplio mediante la creación de algo que tenga valor, para que esas personas lo quieran ver. Cuando estén configurando el SEO de sus videos, piensen primero en el cliente, a continuación, el SEO segundo. Cuando optimice el video para su público objetivo, verá que finalmente es más eficaz.

Si su compañía está planeando nuevas estrategias de marketing o mejorar las existentes, entonces ya sabe lo suficientemente bien lo difícil que es conseguir y lograr ideas que funcionan y que reúnan los recursos necesarios para cumplir con sus objetivos.

Pero no se centran en lo desafiante que puede ser el proyecto; en lugar de eso miran las diferentes plataformas que pueden ejecutar el contenido. Estas áreas pueden ser muy útiles en su campaña de marketing:

- Blogs
- Webcasts y poscasts
- Las redes sociales
- Sitios web y Microsites
- Eventos
- Boletines
- Las aplicaciones móviles
- Las comunidades online

Sus objetivos principales deben incluir la generación de clientes potenciales, la participación online y aumentar la conciencia sobre su marca, pero por supuesto áreas como la educación del cliente, las tasas de conversión, ventas directas y el tráfico del sitio también desempeñan un papel importante en el éxito de su campaña.

Los principales obstáculos para las empresas que tratan de poner en práctica el marketing de video incluyen una falta de estrategia efectiva, la mala gestión de la compra y carecen de suficientes recursos internos. Estos son todos los desafíos internos y pueden ralentizar la tracción si no prestas atención.

Los problemas derivados de la parte de la industria son la falta de presupuesto para la producción de video y el contenido de mala calidad. La creación de contenido decente es una simple cuestión de buscar a buenos escritores y a un equipo de producción para editar el video.

Comience a buscar las formas en las que su empresa puede implementar la comercialización del video sin sufrir los problemas comunes por las que suelen pasar muchas empresas. Con una planificación adecuada, usted debería de tener un tiempo más que suficiente para la elaboración de los planos de las escenas del video.

LAS WEBINARS

A lo largo de casi toda la historia humana todas las reuniones han sido registradas.

Las únicas cosas que han cambiado en los últimos años son que tenemos más opciones para comunicarnos y para poder registrar nuestras comunicaciones. Las Webinars son reuniones en su forma más básica, pero es la forma en que te permiten reunirte con otras personas lo que las hacen especiales. Las Webinars (Seminarios Web) son de gran utilidad cuando los participantes de la reunión no se encuentran en el mismo país, estado, ciudad, o incluso en la misma sala. Estas le permiten transmitir información casi de igual manera - y en algunos casos mejor - que en una reunión cara a cara.

La tecnología ha llegado al punto en que la creación de una webinar es fácil e intuitiva. Sin embargo, hay muchas maneras de mejorar sus reuniones que van mucho más allá de la tecnología, en este libro, veremos una mirada en profundidad del antes, durante, y después de un seminario, así como algunos consejos que pueden mejorar la experiencia del seminario para usted o sus participantes.

El propósito de este libro es para ofrecerle una guía de todo lo que abarca una webinar, con la esperanza de que cada webinar que realice, que resulte ser un éxito.

PLANIFICAR UNA WEBINAR

Recuerde las 5 P's: Prior Planning Prevents Poor Performance (La Planificación previa evita un mal rendimiento). Esto puede ser especialmente cierto para las webinars. Piense en la increíble tecnología que le permite hablar, mirar, o compartir información con muchas personas, en tiempo real, al mismo tiempo. Esta tecnología ha sido diseñada para proporcionar una experiencia suave y fácil de usar, pero detrás de los simples clics para iniciar un seminario web, no hay mucho que hacer. Mire más allá de la tecnología, actualmente ya tiene (de una manera muy accesible) toda la tecnología necesaria para poder preparar las reuniones básicas. Recuerde que cuanta más planificación haga de antemano, más suave se ejecutará su seminario.

¿CUÁNDO SE DEBE UTILIZAR UNA WEBINAR?

Las razones para utilizar un seminario web pueden ser muy sencillas, como por ejemplo, que todos los participantes se encuentran en otros países o ciudades. Otra buena razón puede ser para ahorrar dinero. Piense en ello; ¿Cuánto cuestan los viajes que se puede ahorrar con cada webinar de una hora?

Las Webinars pueden abrir las comunicaciones entre los distintos departamentos y sucursales, es fácil y cómodo, y así sus compañeros de trabajo puedan estar en contacto, con ello se consigue una mayor interacción entre los compañeros de trabajo y una mayor unión personal entre ellos. Una webinar es perfecta para las reuniones rápidas o improvisadas, sobre todo cuando hay más información que compartir de la que se debe enviar en un correo electrónico. Cuando surge un problema, es fácil llegar a todas las personas necesarias con una llamada, de manera que podremos resolver el problema rápidamente, si necesita difundir información a una gran cantidad de personas, un seminario web puede hacer que esta tarea sea muy fácil. Puede tener cientos de personas conectándose a una webinar para verle y oírle a usted. Puede tener grandes pantallas de vídeo instaladas en todas las sucursales de una empresa para poder reunir a todo el mundo para que puedan ver en directo y al mismo tiempo su discurso. ¿Qué pasa si quiere compartir o reutilizar su presentación? Puede grabar una webinar y compartirla con tanta gente como desee, para que estos puedan ver y escuchar la reunión mucho tiempo después de que esta hubiera terminado.

¿QUÉ TIPO DE WEBINAR DEBERÍA USAR?

Una webinar no es sólo una llamada telefónica con más de dos personas. También es una video conferencia, una presentación de PowerPoint, una grabación, uso compartido de escritorio, pizarras digitales, encuestas instantáneas, chats, y/o mensajería instantánea. Tiene muchas opciones para elegir, por lo que la tarea en cuestión es elegir la mejor forma de webinar que se adapte a sus reuniones.

CONFERENCIA TELEFÓNICA

Las conferencias telefónicas son como una llamada

telefónica pero estas son reuniones audio-únicas. Sin embargo, van mucho más allá del teléfono - o incluso de una llamada a tres bandas – ya que tiene una capacidad mayor para conectar el número de gente que desee, pero hay mucho más, las conferencias telefónicas pueden ser grabadas. Puede descargar la grabación más adelante cuando usted lo necesite, o ponerla a disposición para que cualquier persona que se perdió la conferencia inicial pueda reproducirla y ver la reunión.

Como te puedes imaginar, tener a tanta gente en una línea crearía un muro de ruido, pero esto se puede evitar. Las conferencias telefónicas pueden ser puestas en un modo de lectura (mute) para todos los participantes menos para el speaker (el conferenciante) y los moderadores. Si hay cualquier pregunta, los participantes puede pulsar un botón en su teléfono para ponerse en una cola Q&A (Question-Pregunta y Answer-Respuesta).

Los participantes pueden realizar sus preguntas de uno en uno y su llamada se mantiene de una barrera de sonido.

Algunas pautas para elegir una conferencia telefónica para la reunión:

- Su reunión tendrá un número amplio de gente.
- Algunos o todos los participantes no pueden acceder a un ordenador
- Se necesita una reunión rápida y simple.

CONFERENCIAS TELEFÓNICAS CON CAPACIDADES WEB

Nada hace que una reunión o presentación sea mejor que el uso de imágenes u otros gráficos. Ya se trate de un gráfico, un mapa, una imagen de alguien, o lo que sea, la capacidad de integrar ayudas visuales a veces es una necesidad, especialmente en una conferencia telefónica, los materiales basados en la Web pueden sumar mucho.

El uso más común de las capacidades de la web es la presentación PowerPoint. Mientras usted habla, sus participantes le pueden seguir fácilmente que al ver el contenido de su presentación PowerPoint en sus equipos, si alguna vez ha utilizado PowerPoint antes, sabe que puede incluir imágenes, gráficos, viñetas, videos y otras mejoras para una reunión, pero se puede hacer mucho más. Puede haber un momento en el que está tratando de describir un sitio web, pues con las capacidades Web para las reuniones, usted sólo tiene tener un navegador para poder mostrar su punto de vista. Entonces todo el mundo puede ver la Web desde su punto de vista. No sólo está limitado a su navegador de Internet. Puede compartir documentos de Microsoft Word u otros y mostrar su punto de vista exacto a los participantes. Incluso puede compartir todo el escritorio si lo desea.

Hay algunas otras mejoras que nos ofrecen las conferencias telefónicas con capacidades web, como son las colaboraciones sobre pizarras digitales. Es como una página en blanco en la que todo el mundo puede escribir o dibujar. También puede hacer una pregunta en forma de encuesta que incluye las respuestas para que sus participantes elijan las más convenientes. Esto le permite obtener de forma rápida informaciones sobre cuestiones particulares. Si tiene alguna pregunta que no puede tener una respuesta aproximada, aproveche el sistema de chat, en un lado de la página Web aparece una lista con todos los participantes y una ventana de chat. Aquí los participantes pueden hacer preguntas y obtener respuestas sin interrumpir el flujo de su presentación.

A continuación veremos algunas razones para incluir capacidades web en su conferencia telefónica:

- Todos los participantes tienen acceso a una computadora
- Desea utilizar un PowerPoint en su presentación
- Desea compartir archivos de Microsoft Office
- Es necesario colaborar y desea utilizar una pizarra digital
- Desea manejar las preguntas con las colas Q&A
- Sondear a sus participantes mejorar su reunión

VIDEO CONFERENCIA

Si está interesado en llevar su conferencia de llamadas a cotas más altas, no se puede llegar más alto - en el nivel actual de la tecnología - que con una videoconferencia.

Añadir vídeo a su conferencia telefónica agrega una nueva conexión a la reunión virtual. Puede ver el lenguaje corporal de la persona, su estado de ánimo, y la disposición general. La videoconferencia le permite mirar a los participantes a los ojos, o tener una presencia en su sala de reuniones. Durante una videoconferencia, la pantalla se llena con las caras de sus participantes. Se puede decir que está recibiendo su mensaje, que podría ser una pregunta, o ver quien se está durmiendo. Las videoconferencias no están limitadas sólo a pequeños grupos de personas. Para grupos más grandes, aunque puede que no sean capaces de ver a cada uno individualmente, todos ellos pueden verte a ti. Sin hacer nada, usted puede mostrar su presentación desde una sala de reuniones virtual como si estuviera transmitiendo a un auditorio virtual. Se puede llegar incluso a más gente si tiene un proyector o un televisor de pantalla grande en una o más ubicaciones. De esa manera sólo necesitará un ordenador, pero tendrá que llenar la habitación con los participantes que tengan que ver el auto video. Con la videoconferencia, se obtienen todas las características de las conferencias telefónicas con capacidades Web. Así que no sólo se puede ver a los participantes y hablar con los demás, también puede compartir y colaborar como si estuvieran en la misma habitación.

ESCOGER EL DÍA Y LA HORA

Elegir el momento de tener un encuentro virtual no es demasiado diferente de la programación de una reunión cara a cara. Tiene todas las mismas ventajas y desventajas que hay que considerar, con la notable excepción del tiempo de viaje de ida y vuelta de la reunión, si la planea como la programación de una reunión ordinaria, estos serán algunos de los aspectos generales a tener en cuenta:

A menos que la reunión sea para orientar a su gente para la semana, evite el Lunes, sobre todo si se va a reunir con los clientes.

Evite las reuniones de los Viernes, si está buscando una alta participación. Mucha gente va a estar ocupada terminando el trabajo de la semana, o saldrá más temprano de trabajar.

Las Webinars justo después de comer pueden ser más difícil para los participantes. Pueden ser más lentas de lo habitual.

Planifique las reuniones justo antes del almuerzo para terminar siempre a tiempo. Aunque también puede tener un mayor nivel de participantes distraídos a medida que su hambre va creciendo.

CÓMO TENER LA PALABRA EN UNA WEBINAR

Una cosa es tener una webinar, pero si quieres que los participantes vengan tienes comunicar acerca de la existencia de esta. Un método común para invitar a participantes es mediante el correo electrónico. Si bien esto es, con mucho, el método más fácil, la persona promedio es inundada de mensajes de correo electrónico durante todo el día y ahí existe una posibilidad bastante grande de que su invitación pueda perderse.

Para ayudar a evitar que esto suceda, envié un correo electrónico corto con un título audaz, y escríbalo en la barra del tema y en la primera línea. Darles lo básico: quién, qué, cuándo, por qué y dejarlo en eso. Cualquier otra información específica para la webinar debe añadirse como un archivo adjunto, si puedes, agrega un elemento de calendario de Outlook para el correo electrónico, esto no sólo ayudará a llamar la atención de su correo electrónico, sino que también facilita la obtención de la persona a unirse a su seminario.

Una idea interesante es el uso de sitios de terceros o de planificación de eventos, tales como Evite. Estos sitios ayudan a crear una página que se encarga de la invitación con las listas de las personas que fueron invitadas, las que aceptaron y las que no lo hicieron. También envía correos electrónicos de invitación que se destacan en la bandeja de entrada.

Las páginas de registro son una excelente idea para manejar listas de muchos participantes, especialmente si son clientes o clientes potenciales. Una página de registro es básicamente un formulario de internet donde las personas lo rellenan con su información para recibir el número del código de acceso a la conferencia/seminario, por supuesto, todavía tiene que enviar por correo electrónico, teléfono, o hacer publicidad para conseguir que la gente vaya a la página de registro, si cree que una página de registro le podría funcionar a usted, tengan en cuenta estas cosas:

- Una página de registro puede recoger una gran cantidad de información en un corto periodo de tiempo.
- Los participantes tienen que dar sus datos contacto y profesionales a cambio del webinar.
- Inscribirse en una webinar ayuda a facilitar la entrada de su participantes cuando ya pueden entrar en la webinar

Opciones de una Webinar

Una webinar podría ser algo totalmente nuevo para algunos participantes. Las siguientes opciones no sólo establecen una parte de su reunión, sino que dará a los participantes una experiencia memorable. Considere las siguientes opciones como la oportunidad de hacer una declaración a través de su encuentro, mientras que hace que sus participantes se sientan valorados y apreciados.

AYUDA EXTERNA O HÁGALO USTED MISMO

Una cosa maravillosa acerca de los seminarios web es que puede configurar fácilmente una y ejecutarla por su cuenta en cualquier momento. Esto puede ser especialmente útil para reuniones improvisadas, cortas o informales.

Sin embargo, puede haber momentos en los que una mano hace la diferencia. La primera vez que se registra para un servicio de webinar, estará encantado de hablar a través de las características y de dar algunos consejos sobre cómo tener una gran experiencia cada vez. A pesar de que el aspecto técnico de la ejecución de un seminario web no es difícil, sobre todo si es tu primera vez, es posible que desee a un operador al lado suyo por si surgen dificultades. Podría tener al operador simplemente allí solamente "por si acaso", o podría usted ir ejecutando las distintas tareas de las webinar para familiarizarse con el proceso para la próxima vez.

Las reuniones, en general, pueden ser una danza compleja. Puede estar mirando la hora, realizando preguntas, y asegurarse de que su orador invitado está grabando correctamente. Usar un operador durante estos momentos le puede liberar de tener que controlar toda la reunión usted sólo. Un operador puede proporcionar una introducción y una conclusión. Estos pueden supervisar los niveles de sonido, ver que participantes generan demasiado ruido de fondo y mantener el control sobre la lista de participantes. Un operador puede ser invaluable para ejecutar el Q&A parte de su seminario. Estos observarán la cola de preguntas, las activarán y desactivarán según sea necesario, y contestará a las preguntas cuando sea es su turno. Los operadores también pueden ayudar antes de la conferencia. Tienes la opción de que los operadores contesten el teléfono cuando llamen los participantes. No sólo le da un toque más profesional, sino que también sirve para facilitar y agilizar la captura de participantes para el seminario.

Por otra parte, los operadores pueden obtener contactos y otra información para usted directamente de los participantes antes de que se les permita unirse a la conferencia. Estos operadores también pueden ayudar con la integridad de su seminario. Cuando los participantes llaman, los operadores pueden comparar los códigos, nombres u otra información con las listas de participantes, si la persona que llama no es nadie que esté dado de alta en la conferencia, entonces, esta no va a ser capaz de unirse a la webinar.

MODO DE CONFERENCIA

Una característica importante de cualquier seminario es el modo de conferencia. Esta sencilla palanca le permite tener una conferencia con el mayor número personas como quiera, pero sin el abrumador ruido de fondo.

Cuando uno entra en el modo de conferencia, todas las líneas de los participantes son silenciadas - de tal manera que no pueden activar el sonido ellos mismos - dejando al anfitrión y a los oradores hablar libremente y ser escuchados por todos.

Mientras que en el modo de conferencia, un participante puede presionar algunos botones del teclado del teléfono para poner preguntas/repuestas en una cola especial Q&A que es visible en la pantalla de llamada en vivo del huésped o del operador.

Cuando el anfitrión o el operador elige, pueden presionar un botón y la primera persona en la cola recupera el sonido y la libertad de hablar. Cuando se hace esto, el anfitrión o el operador puede pulsar el mismo botón de nuevo y el participante será silenciado mientras que el siguiente participante tendrá la libertada para hablar. Si finaliza la llamada en modo conferencia, todas las líneas desactivarán el silencio, al mismo tiempo y todo el mundo será libre de hablar.

Decidir si desea o no utilizar el modo de conferencia no

es una tarea de difícil decisión, si tiene personas diez o menos en la llamada, para dar una conferencia no será necesario el modo de conferencia. Para más de diez, simplemente por la calidad de sonido, se recomienda utilizar el modo de conferencia.

GRABACIÓN

La grabación de la conferencia es tan fácil como pulsar un botón. Puede ser aún más fácil si elige tener todas sus conferencias grabadas automáticamente, una vez la conferencia grabada haya terminado, las grabaciones estarán disponibles casi instantáneamente en la sección de su cuenta del sitio web de su proveedor de webinar. Allí podrá escucharla, descargarla, o incluso transcribirla. Si la descarga, puedes subirlo a su sitio web o enviarlo por correo electrónico a quienes usted desee.

Otro aspecto interesante de las grabaciones es la reproducción Dial-in. Esta función le permite a usted poner sus grabaciones a disposición de las personas que llaman cuando pueden. Si ha grabado una conferencia que algunas personas se han perdido, todo lo que tienen que hacer es usar los códigos para la conferencia original y oír cómo fue la conferencia. Usted incluso puede distribuir los códigos de la conferencia a personas que no sean los que originalmente invitó, para que también puedan escucharlo.

EXTRAS PARA HACER EL SEMINARIO ESPECIAL

Hacer que la producción de su seminario web se destaque de otras reuniones puede ser sencillo. Esto es especialmente cierto si su público no ha estado en muchos seminarios online, ya que la misma reunión en sí será algo fuera de lo común. Aparte de esto, hay muchas otras ideas que pueden ayudarle. Una de esas ideas implica un orador invitado, a pesar de que usted sea el responsable a cargo de la reunión, esto no significa que tenga que ser el único en el centro del escenario. Entre los oradores invitados se pueden incluir en un experto en la industria, un orador motivacional, su jefe inmediato o alguien que tenga un cargo importante en su empresa, o incluso se puede dejar hablar al participante con más experiencia o al más brillante. Estos ni siquiera tienen que estar especialmente involucrados en el tema principal de la reunión, sino que simplemente podría estar allí para hablar un rato sobre el trabajo en equipo o la inspiración.

Otra idea que puede ayudar es el del "Maestro de ceremonias" Profesional o el Presentador Profesional. En un seminario, un presentador profesional puede estar en cualquier lugar y ser capaz de presentar la reunión con estilo, profesionalidad, y en algunos casos, con un poco de comedia, todo depende de lo que usted considere que sería mejor para lograr más participantes para su seminario. Los presentadores no tienen que saber nada sobre la temática u objetivo de la reunión. Todo lo que necesita es una agenda, algunas pautas, y los detalles sobre qué tipo de reunión se desean presentar. Después sólo tendrá que presentar la reunión y permanecer entre las bambalinas mientras mantiene un ojo en la reunión en general.

OTROS DETALLES QUE PENSAR

El funcionamiento de su negocio es un equilibrio de tiempo, dinero, personas y recursos, y una webinar no es diferente. Primero deberá identificar el tipo de reunión que necesita, deberá ser capaz de elegir el tipo de webinar que mejor se adapte a sus necesidades. La razón más obvia para esto es no gastar más dinero del que tienes para hacerlo, pero hay otros factores a tener en cuenta: el equipamiento de sus participantes, por ejemplo, o su ubicación, o incluso la cantidad de tiempo que le pueden tener disponible para la webinar.

Si eres el anfitrión de un seminario web, deberás serlo para servir a los participantes algún propósito. Así que cuando se piensa en la mejor manera de lograr ese propósito, todos los otros detalles, incluyendo los de la webinar caerán perfectamente en su lugar.

CONFIGURACIÓN DE UNA WEBINAR

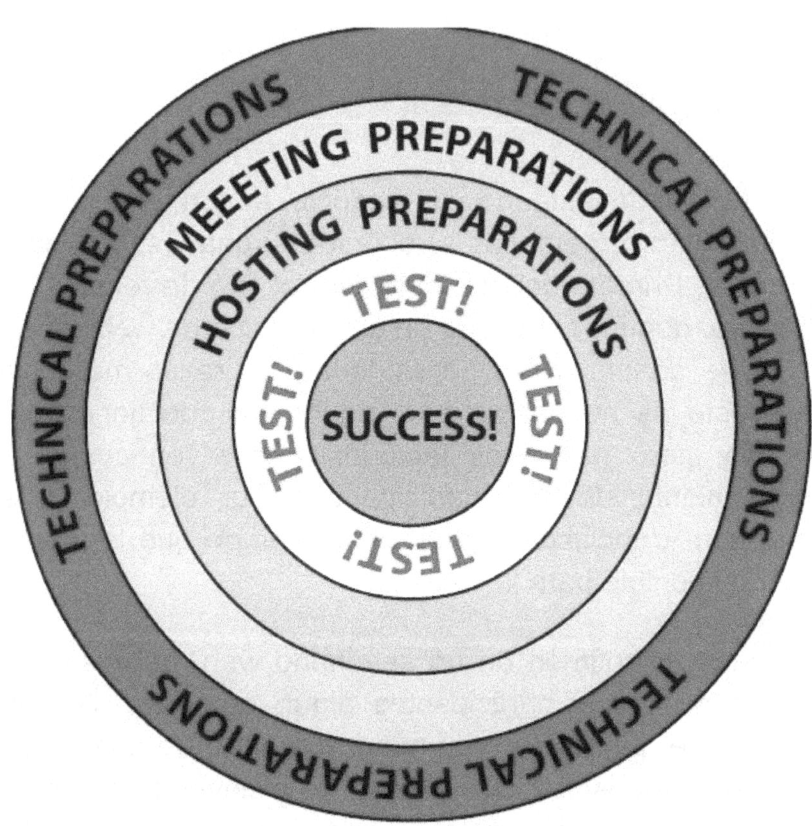

Usted acaba de ver los detalles y la planificación para conseguir elaborar una webinar que logre un buen número de participantes. Ahora tiene que centrarse en la preparación de la webinar. La preparación le sirve para muchos propósitos como que le ayudará a familiarizarse con lo que está haciendo, lo puede poner de relieve los posibles problemas que pueden surgir para poder solucionarlo antes de que tengan la oportunidad de arruinar algo. La preparación de la webinar le prepara para lo que está por venir.

Las webinars son diferentes. Requieren la mayor parte de la preparación normal de lo haría para una reunión cara a cara, pero también contiene unos cuantos aspectos técnicos que es necesario examinar con más detenimiento. Aun así, estos artículos pueden ser fáciles de usar y como todos los preparativos, le pueden ayudar a garantizar el éxito del seminario web.

LOS PREPARATIVOS TÉCNICOS

Dependiendo de qué tipo de seminario elija realizar, la preparación técnica pueden ser diferentes. Sin embargo, para todos los seminarios web, la parte de teléfono será el mismo (a pesar de que no hay mucho para prepararse aquí). Una idea es que usted y sus participantes usen un teléfono fijo. Los teléfonos fijos son una opción mejor que los teléfonos móviles en términos de calidad de sonido y fiabilidad. Los auriculares del teléfono se recomiendan para una mayor comodidad y facilidad de uso, y debe asegurarse de que el auricular está en un buen estado de funcionamiento. Si elige utilizar un auricular inalámbrico con su teléfono fijo, asegúrese de que esté completamente cargado antes del seminario.

Si va a realizar una videoconferencia, un componente importante es el software. Este no es un obstáculo tan grande como puede parecer. La primera vez que hace clic en el enlace que le proporciona la videoconferencia, le sale un asistente para la instalación que le guiará en todo el proceso. Todo lo que necesita es seguir las instrucciones y el asistente se hará cargo del resto. El software se descargará y se instalará con bastante rapidez, pero sigue siendo una buena idea hacer funcionar todo este proceso antes del seminario. De esta manera, si hay algún problema, se pueden solucionar a continuación y así evitará tener ninguna incidencia durante sus reuniones.

Otro componente importante de una video conferencia es la cámara web. Al igual que el software de video conferencia, la utilización de una cámara web es bastante sencilla. Quizás podría tener algunos problemas, especialmente si nunca ha usado la cámara web en particular, o nunca usó ningún tipo webcam.

Conecte su webcam y asegúrese de que obtiene una buena imagen. Establezca los ajustes según sea necesario, revise su posición, y úsela durante un par de minutos con el software de video conferencia para asegurar su compatibilidad.

Los preparativos técnicos de un seminario web ni son

difíciles o ni nos llevan mucho tiempo, pero son esenciales para ahorrar tiempo y evitar problemas durante su reunión. Si tiene cualquier problema, hable con el proveedor de la Webcams o de la Web mediante la cual realiza la webinarr. Estos estarán encantados de ayudarle a usar su software o servicios.

PREPARACIÓN DE LAS REUNIONES

La preparación de las reuniones va más allá de mirar por encima de sus anotaciones. Hay muchos pequeños detalles a tener en cuenta, y si bien cada uno sólo nos lleva un poco de tiempo, que puede ser muy valioso prepararlo todo bien. En primer lugar, ¿Dónde estará ubicado durante la conferencia? Deberá elegir una zona tranquila donde pueda estar seguro de que no será interrumpido.

Mantener a raya las distracciones puede ser tan simple como cerrar una puerta, pero también deberá prepararse para lo imprevisto. Por ejemplo, si que está haciendo el seminario desde su casa, deberá tener en cuenta que sus hijos podían empezar a gritar, o su perro puede empezar ladrar muy alto de repente debido a una el ruido de la calle. Hay algunas cosas que no se pueden evitar, pero se puede saber dónde está su botón de silencio y estar preparado para utilizarlo en caso necesario.

Para una videoconferencia, la ubicación es importante, pero también lo es lo que hay en la ubicación. ¿Qué puede ver exactamente desde la cámara? ¿Le estorba su escritorio?

Sus participantes verán lo que se les muestra, por lo que deberá pensar en que mensajes querrá transmitir desde la cámara. Un área de trabajo limpio y ordenado dice cosas buenas. Otra cosa a tener en cuenta es que si bien la imagen de su escritorio podría ser adecuada para usted, podría ser mal interpretado por algunos participantes.

¿Qué tendrá de fondo? Deberá tener un fondo neutro detrás de usted sin nada en las paredes. Si hay algo en la pared que no se pueda hacer nada al respecto, trate de posicionar la cámara de modo que su cabeza tape la mayor parte del fondo. Cómo irá vestido es otra cosa a considerar en el vídeo. Para una mejor visión de usted, evite usar o solo colores oscuros o solo colores claros. Deberá evitar combinaciones de colores complejas. Trate de usar los de colores en tono pastel sólidos, o mezclar colores sólidos oscuros con colores luminosos.

PREPARACIONES DE HOSTING

Como anfitrión de su seminario, usted es responsable de muchas cosas.

Desde el momento en que envía invitaciones, esté preparado para responder preguntas sobre el programa, los aspectos técnicos del seminario, y los temas del programa, sólo para nombrar unas pocas preguntas. Mientras que con un poco de previsión le llevará a preparar estas preguntas, hay otras cosas que tiene que preparar como un host para realizar su seminario.

En primer lugar y quizás lo más importante es un programa sólido. Esta lista no sólo le informa sobre lo que flota alrededor de la webinar, sino el por qué y el cómo, y el tiempo asignado. Un buen programa está detallado y programado al minuto, lo que hace de referencia, no sólo para usted mismo, sino para sus participantes antes y durante el seminario. El programa ayudará a mantener su cumplir la agenda, y le proporcionará las señales a usted y a sus oradores de cuando es hora de cambiar de turno o de tema.

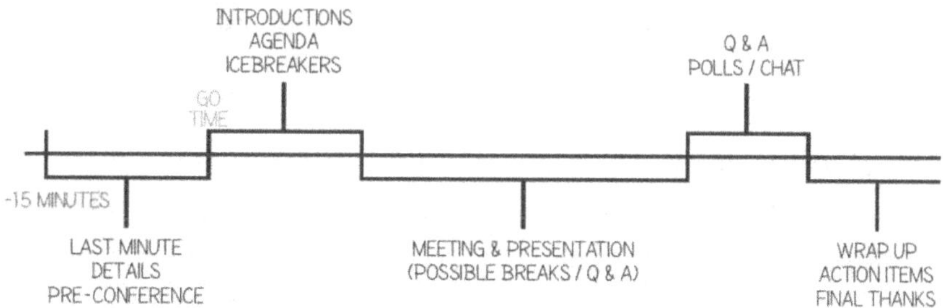

Tómese su tiempo en la construcción del programa. Deberá tener dos versiones: una para usted y otra para los participantes, con menos detalles del curso. Su agenda debe incluir:

- Tiempo de espera para las personas que se incorporan tarde
- Tiempo para los saludos, presentaciones, y para romper el hielo
- El tiempo de participación de cada uno de los oradores, y en qué momentos participarán
- El tiempo para los descansos
- Q&A Generoso en tiempo
- Alternativas para llenar el Q&A de tiempo adicional, en caso de tener la necesidad de ello

Como se ha indicado anteriormente, el programa no es sólo para su beneficio, una vez completado, puede crear una versión de prueba indicando los tiempos reales de su programa para enviarlos a sus participantes. Esto no sólo le ayudará a prepararse para las reuniones, sino que también tendrá su mente lista para las preguntas y le ayudará a mantenerse enfocado o concentrado durante toda la reunión.

Hablando de preguntas, cuando se prepara para su seminario, debería de prever algunas de las preguntas que los participantes le harán. Imagine lo que van a hacer y luego responda en voz alta. Tome notas durante sus respuestas y haga su correspondiente revisión. ¿Has hablado sobre los temas que querían oír los participantes? ¿Tus respuestas realmente transmiten la información que necesitan sus participantes?

Por último, intente mantener la información de contacto de su proveedor de webinars (o posting), los oradores y co-anfitriones de invitados, así como con algunos de los participantes, sobre todo, con los que deseaban asistir a la webinar. Probablemente no necesitará la información, pero si le hace falta, tendrá tiempo para hacer muchas otras cosas y agradecerá que el tiempo de búsqueda de estos contactos sea una tarea tan fácil.

PROBANDO, PROBANDO, PROBANDO

Una simple garantía de un buen seminario es prever y superar cualquier cuestión antes de la reunión real. La mejor manera de hacer esto es contratar a un amigo y probar la instalación. Esto puede incluir a ambos haciendo video llamadas el uno al otro, la publicación de sus cámaras web, o incluso jugar Tic-Tac-Toe en una pizarra webinar. Cuando los dos estén han unido mediante una llamada de video conferencia, hablan entre ustedes en tonos altos y bajos para tener una idea de la calidad del sonido y los niveles del sonido.

Encontrar y utilizar el botón de silencio personal hasta que pueda hacerlo de forma rápida y fácilmente. Familiarícese con los controles de la video llamada. Pruebe la video llamada dentro y fuera de la pre-conferencia. Active y desactívese a usted y a su amigo. Pídales que se pongan en las colas de Q&A y practique en la recepción de sus preguntas.

Una videoconferencia tiene controles para el sonido y el audio, pero no obstante son fáciles de utilizar. Tómese su tiempo para probar cada función y juegue un rato con esta. Utilice los controles de calidad de vídeo para asegurarse de que tenga su mejor aspecto. Tome turnos con su amigo haciendo gestos y hablando a la cámara para tener una idea de lo puede quedar bien y lo que no. Continúe hasta que se sienta cómodo con lo que ve. Practique hablando hasta que puede hablar mientras mira hacia la WebCam la mayor parte del tiempo.

Las características y los controles de las conferencias web no son demasiado diferentes de las conferencias telefónicas o de las video conferencias, pero debe probarlas de todos modos. Inicie una pizarra y juegue un juego. Juegue con los controles hasta que pueda guardar fácilmente, limpiar con el borrador, o aumentar lo que ha dibujado.

Inicie el uso compartido de escritorio y obtenga la retroalimentación de su amigo. Trabaje con un documento u hoja de cálculo a la vez. Verá muchas cosas que le son familiares, pero durante una conferencia web, las cosas son un poco diferentes. Si sabe manejar los controles y los datos de una webinar de una manera avanzada, sus reuniones se ejecutarán de una manera mucho más suave. Como siempre, mientras que está probando el webinar, si tiene cualquier pregunta o problema, ahora es el mejor momento para hablar con su proveedor de webinar o hosting.

EJECUTAR UNA WEBINAR

Desde los momentos antes de salir de la pre-conferencia hasta cuando finalmente dices adiós, las webinars pueden ser emocionantes, al igual que en una reunión cara a cara. Hay detalles para ver, participantes de los que preocuparse, y unas tareas que cumplir, pero si ha hecho un buen trabajo en la preparación, no sólo estará al tanto de todo, sino que realizará un gran seminario.

DETALLES DE ÚLTIMO MINUTO

En el momento justo antes de su seminario, es posible que te preocupes de muchas cosas, pero los preparativos ya se han hecho cargo de todo eso, y en ese caso, lo que puedes hacer es repasar sus anotaciones y el programa y pase algún tiempo cuidando de usted, su voz, su vitalidad.... Los quince minutos antes de un seminario es realmente el único lugar donde se puede empezar a doble control de sus preparaciones. Son los co-anfitriones y oradores entrando en el seminario ¿está todo correcto? ¿se ve bien el video? Este tipo de preguntas pueden ser investigadas y respondidas rápidamente. Una vez comprobado que todo está bien, ya es el momento para que se una a su seminario.

¿QUÉ HACER EN LA "SALA VERDE"?

Para la mayoría de los seminarios web, tendrá que usar la pre-conferencia, o la "sala verde”. Después de que sus participantes hayan se hayan conectado o cargado la aplicación correspondiente, se colocarán en espera. Sin embargo, sus co-anfitriones, oradores invitados, y cualquier otra persona que usted elija se colocará automáticamente en pre-conferencia.

Esta "conferencia antes de la conferencia" es una

oportunidad para que usted y los otros anfitriones pueden limar los detalles de última hora, discutir las estrategias, o simplemente hablar, siempre en la intimidad del grupo formado, lejos de sus participantes, que están escuchando la melodía de espera. Esta es una gran oportunidad de reunirnos como grupo para conseguir coordinarnos y presentar una webinar suave, y cohesionada a los asistentes. Puede dejar la pre conferencia cuando lo desee, y lo más importante, si necesita volver por la razón que sea, esta opción siempre está disponible.

COMENZAR LA WEBINAR

Mientras que todo lo que haces como anfitrión impactará en su seminario, podría decirse que el punto más crucial en una webinar son los primeros cinco minutos. Este es el momento en el que se establece el tono de la reunión, donde se consigue que todos estén más cómodos, y hace que las cosas se pongan en marcha, es un momento de emoción y torpeza que se puede manejar fácilmente con algunas aportaciones de usted.

SALUDOS Y PRESENTACIONES

Esto sucede cuando usted ya está fuera de la pre-conferencia, y al participante le desaparece la música de espera, y todo está en silencio. Si va a usar algún orador para iniciar la reunión, este es el punto en el que se anuncia la conferencia, y se le recuerda a todos los participantes que la grabación está activada, y que el modo conferencia está activado, o cualquier otro detalle que especifique. Después de eso, se vuelven hacia usted.

Si tiene un orador o no sabe cuáles serán sus primeras palabras para empezar la conferencia. Un alegre, "Bienvenidos a todos!" Es una buena manera de comenzar. En sus palabras de apertura, deberá recordar todo el mundo por qué están aquí y quién les estará hablando a ellos. Debe hacerles saber que las preguntas serán al final, o que va a hacer una pausa de vez en cuando para las preguntas.

Para conferencias de vídeo, recuerde mirar hacia la cámara web tanto como sea posible. Esto le dará a cada participante la sensación de que les está mirando a ellos. Haga lo mejor para aparecer bien visible y esté tranquilo y relajado, absténganse de inquietud. Si va a utilizar una presentación de PowerPoint, asegúrese de incluir una diapositiva de comienzo/introducción en la salida. Esto le dará a sus participantes algo más que el resumen de diapositivas de PowerPoint para mirar algo hasta que esté listo para hacer la presentación de diapositivas.

VISIÓN GENERAL DEL PROGRAMA

Después de los saludos y de las presentaciones iniciales, es el momento de revisar el orden del día. Esto es importante, incluso si se ha distribuido el programa a sus participantes. Es posible que hayan perdido su copia, o que no la tengan a mano. Principalmente, la razón para repasar el programa es poner los pies en la tierra y expresar que hay un plan y que usted no está aquí para hacer perder el tiempo a nadie.

El repaso del programa de la agenda no tiene por qué ser un gran calvario. Sólo tienes que comentar quienes van a intervenir en la webinar y de que van a hablar, en qué orden, y por cuánto tiempo. No se olvide de indicar los periodos de descanso. La razón de hacer esto es para ayudar a los participantes a permanecer en sintonía con la reunión. Son menos propensos a perderse si saben dónde están y lo que vendrá después.

Esto también es por qué usted debe hacer un resumen rápido de lo que queda del orden del día después de cada orador o sección de la webinar. De nuevo esto es para ayudar a sus participantes a mantenerse orientados y a prestar atención a su mensaje.

ROMPER EL HIELO

Especialmente si la webinar es con un pequeño grupo de personas, o incluso un pequeño grupo de altavoces en frente de una audiencia grande, romper el hielo es una excelente manera de conseguir que la gente a se relaje para que puedan prestar más atención a lo que está a lo que están hablando o mostrando en la webinar. El comienzo de una webinar puede ser difícil, pero con una buena actitud por su parte y algunos pequeños ejercicios, la reunión puede llevarse a cabo sin problemas. El tiempo dedicado a hacer que la gente esté cómoda podría ser visto como una pérdida de tiempo, pero se convierte en un valor incalculable en comparación con la facilidad con la que las personas serán capaces de escuchar y responder a su mensaje.

Algunos buenos temas para romper el hielo son:

- Realidad o Ficción: Aquí es donde todos los participantes tienen que escribir dos cosas verdaderas sobre sí mismos y una falsa. Por turnos, cada uno lee sus tres cosas y el grupo decide que no es cierto. Esto no sólo agita un poco las cosas, sino que también ayuda la gente llega a conocerse.
- Libre Asociación: Primero dan al grupo un tema o palabra, les da un minuto o dos para escribir lo que les viene a la mente que esté asociado con la idea original. Esto puede ser útil para algunos de sus puntos principales del seminario y puede hacer que

la gente piense acerca de lo que se hablará más tarde.

- Isla desierta - Diles a todos que escriban lo que cada uno de ellos se llevaría a una isla desierta. Dales un minuto más o menos, y luego vuelva y dígale a cada persona que escoja solamente que tres cosas de la lista y pídales que expliquen porque escogieron esas tres cosas. Déles treinta segundos. Esto es bueno para descubrir los procesos de pensamiento de las personas, especialmente en un tiempo de crisis.
- El Primero o el Peor: Pregunte a cada participante que cuente su primer o su peor trabajo. Esto ayuda a provocar una conversación y a divertirse comentando sobre cosas que han hecho.

Las Videoconferencias abren una nueva dinámica visual en todas las webinars. Esto puede hacer que algunas personas estén nerviosas ante las cámaras, aunque esté acostumbrado a las reuniones cara a cara. En la Video conferencia, para romper el hielo se debe hacer de una manera más visual, como por ejemplo: Pase la bola: Al invitar a todos a la reunión, pida que tengan una pelota de tenis a mano. Haga que cada uno ponga la pelota detrás de la cámara o del ordenador. Después cuando llame por el nombre de alguien y la pelota rebotará suavemente más allá de la cámara. La persona que fue llamada deberá echarse hacia delante y recoger su pelota. La persona con la pelota debe decir algunas cosas acerca de sí misma, después llamará por otro nombre y su pelota rebotará fuera de la vista.

DURANTE LA WEBINAR

Usted ya ha saludado a todos, ha hecho algunos rompehielos, y presentó a los oradores, incluso si no tiene un papel hasta el final, su trabajo solamente acaba de empezar. Hay varias cosas a las que no puede perder de vista, por no hablar de todo lo que necesita para estar listo por si se presenta la ocasión.

GESTIÓN DEL TIEMPO

El programa podría ser la parte más importante de un seminario.

Normalmente, usted no tiene tiempo ilimitado, ya que probablemente tendrá un montón de cosas para cubrir. Usted no querrá dejar nada importante atrás, pero tampoco querrá perder mucho tiempo. Terminar a tiempo es especialmente crucial cuando se trata de clientes o posibles clientes. Usted haa hecho una promesa cuando les dijo explicó la línea de tiempo de su reunión (la agenda) y no querrá romper esa promesa. Si se pasa de la hora originalmente asignada, los participantes que se han reorganizado los horarios para asistir a la webinar pueden sentirse especialmente molestos y es muy posible que no vuelvan más a sus próximas reuniones, del mismo modo, cualquier participante, ya sea cliente, empleado o amigo, podrían desanimarse si la reunión va muy rápida y no tienen tiempo para asimilar los conceptos. Corre el riesgo de que los participantes pierdan su atención y entusiasmo, ahora y en futuras reuniones.

Una reunión bien gestionada es la que se realiza en el tiempo definido, así permite al participante saber que usted siente que su tiempo es valioso y que no quiere desperdiciarlo. Y van a apreciar esto, pero incluso la webinar mejor programada se puede descarrilar.

Hay varios puntos calientes de posible descarrilamiento a tener en cuenta.

La primera y quizás la más delicada es hacia el final de las ponencias de los oradores de la conferencia. Les pidió que hablaran en la reunión, pero no quiere excederse del tiempo. Una buena manera de hacer frente a esta situación es en el departamento de preparación, durante la pre-conferencia, consulte con el orador y hable con el sobre la asignación de su tiempo. Algunos oradores le pedirán que les avisen uno o cinco minutos antes.

El otro gran peligro de descarrilamiento es durante la Q&A. Si usted o un orador están recibiendo las preguntas, necesitará estar preparado para el siguiente paso. La mayoría de los oradores, probablemente sean reacios a cortar a alguien, ya que no es su reunión, de cualquier manera, tienes que estar listo. Después de recibir una pregunta, espere un momento y después conteste:

- si el que pregunta se anda por las ramas, intervenga y resuma la cuestión para el orador.
- si el que pregunta sigue preguntando pregunta tras pregunta, puede saltar y decir "gracias por todas esas preguntas, pero tenemos a otros participantes esperando". Otra idea es decir que sólo tienen sólo para una pregunta.

Recuerde que si un interlocutor no se atañe a las sugerencias o a las directivas, siempre tienen la capacidad de silenciarlos. Si el orador se está descarrilando de las Q&A, de nuevo, espere un momento de calma:

- si el orador lleva demasiado tiempo con una pregunta, salte con un resumen rápido atado a una pregunta que sólo requiere una breve contestar. A continuación, vaya a la siguiente pregunta.
- incluso si sólo ha habido una o dos preguntas contestadas por respuestas largas, anunciar que sólo hay tiempo para uno más cuestión. Esto le ayudará a recordar al representante de la programación.

Después de la siguiente pregunta, si hay tiempo, anuncie que puedes aún se puede hacer una pregunta más. Añadir una pregunta más según sea necesario hasta que se agote el tiempo.

MANTENER LA ATENCIÓN DEL PÚBLICO

Toda la idea de una webinar es conseguir su punto a través, pero si los prestan una vaga atención, por la razón que sea, su mensaje se pierde. Así que mantenerlos involucrados es crucial. Si nota que la gente tiene la cabeza en la nubes, puede pausar su ponencia para hacer una sesión de Q&A improvisada. Esto no sólo sacará a la gente de su ensoñación, sino que también volverán a centrarse en el tema de la webinar ya que de otra manera acabarían perdidos en la webinar.

Si nota siente que normalmente los niveles de atención en sus reuniones tienden a bajar después del comienzo, tal vez debería incluir una presentación de PowerPoint en cada reunión. Usted puede planear las diapositivas para que se ejecuten acorde con lo que está pasando cada diez minutos, por lo que si la gente se distrae viéndole a usted siempre, como una única imagen, de esta manera, tienen una nueva imagen para concentrarse en adelante, logrando así que presten más atención a la webinar.

Otra de las claves para mantener el nivel de atención es descansos. incluso con tiempo limitado, las pausas son importantes. La gente se cansa o distraído, o que necesitan para usar el baño. que te hace ver que gran parte mejor cuando usted demuestra que usted pensó en su comodidad a la tiempo.

Controle los tiempos de los descansos después de que un orador haya terminado antes el Q&A. Esto le da a sus participantes un tiempo para pensar en lo que aprendieron y lo absorberán mejor, incluso un pequeño descanso de dos minutos es suficiente para mantenerlos ocupados y a la vez, en alerta. Para las webinars más largos, un descanso de diez minutos por cada hora y media será bien recibido.

La gente puede ir al baño, estirar las piernas, revisar sus anotaciones, o lo que sea. Cuando regresan, estarán frescos y listos para más.

GESTIÓN DE ENCUESTAS, CHATS, Y Q&A

Algunas de las características de un seminario web son las que se pueden obtener en una reunión cara a cara. La realización de las encuestas en vivo es una de ellas. Las encuestas en un seminario aparecen en una barra lateral y sus participantes pueden hacer clic encima para responder, a la vez que mantienen el ritmo de la reunión. También puede utilizar una encuesta para decidir qué temas deben de ser los siguientes, cuáles quieren repasar de nuevo, y cuáles van a omitir. La mensajería instantánea de chat se ha convertido en una parte importante, no sólo de nuestra sociedad, sino que para nuestro negocio online también. Lanzar una pregunta rápida a un compañero de trabajo por teléfono es una gran y discreta manera de obtener información rápida, pero por desgracia, no todo el mundo tiene chat, y mucho menos el mismo tipo de chat. Esto no es problema con las webinars ya que tienen un chat implantado. Puede utilizar el chat, alentando la gente a escribir una pregunta cuando quieran. Esto permite que el orador responda a las preguntas que consideren apropiadas, o amplían la conferencia sin perder el paso.

La cola Q&A es una característica principal del modo de conferencia. Si está realizando una conferencia telefónica, sólo tiene que pulsar * 1 para que sus participantes apagados puedan hacerle saber su deseo de intervenir. El uso principal de la cola es durante las sesiones de preguntas y respuestas, pero también se puede utilizar durante toda la reunión para ayudar en la entrada de las personas. Por ejemplo, si durante una cierta parte de la reunión a la que ve a alguien ponerse en la cola, puede hacer una breve pausa para escuchar lo que tiene que decir. Puede fomentar la participación de los asistentes escuchando sus comentarios y teniendo preguntas rápidas utilizando la cola.

CONSEGUIR QUE TU MENSAJE LLEGUE

Como se dijo antes, el punto central de una reunión es

conseguir que su mensaje llegue a sus participantes. Toda su planificación y preparación es para asegurarse de su seminario no tenga problemas para que las personas pueden entender lo que usted les está presentando. Tiene que gestionar el tiempo para mantener la atención, tiene que permanecer al frente de la reunión para conseguir compartir el mayor tiempo posible con sus participantes.

1. Durante las conferencias telefónicas

Mantener la conversación es especialmente importante en las conferencias telefónicas. Recuerde, usted y sus participantes son sólo voces y si se sale demasiado de la tangente, los participantes se perderán, no desviarse es esencial, junto con ayudar a sus participantes a mantenerse al día con las actualizaciones periódicas del programa. Si tiene varios altavoces, o no está en el modo de conferencia, debe asegurarse de anunciar a la gente que deben guardar silencio cuando no están hablando. Esto ayuda a eliminar el ruido de fondo y elimina el ruido ocasional, accidental o inesperado que tienden a suceder.

Al hacer una pregunta a una persona específica durante una conferencia telefónica, es esencial que usted diga su nombre y le dé un segundo o dos antes y después de la pregunta. Los dos o tres segundos de pausa es para darles una oportunidad de quitar el MUTE des sus dispositivos para que puedan responder.

2. En las conferencias web

Las Conferencias web añaden muchas más opciones a las conferencias. Permiten un canal visual para mostrar más información a sus participantes. Cuando logra utilizar el mayor número de las funciones disponibles como lesea posible, se dará cuenta de que las conferencias web le ayudarán a conseguir mostrar su información a través de su punto de vista de una manera bastante ágil.

Con el uso compartido de escritorio, usted no tiene que describir un sitio web, usted puede mostrarlo desde su propio equipo. Tener imágenes y gráficos a mano para ilustrar fácilmente su punto de vista, use gráficos para mostrar a sus participantes, donde están actualmente y hacia dónde van.

PowerPoint es una herramienta excelente para las webinars. Mantiene la atención de la gente, transmite gran cantidad de información, y da movimiento dinámico a una reunión que de otra manera sería estática. Con gráficos, tiene una diapositiva que muestra la posición que ha pasado, la posición dónde se encuentran ahora y la siguiente diapositiva. Esto le da la sensación de movimiento. Si no tiene mucha información para aumentar la conferencia de un orador, poner una foto de estos y una breve biografía en una diapositiva para mostrarla mientras hablan ayuda a mantener la atención de los participantes, así como también ayuda a formar un vínculo entre los participantes y el orador.

3. Utilizando la videoconferencia

Con el vídeo, es mucho más fácil ver si la gente está ocupada, confundida, distraída, interesada, o si todavía está allí. Si ve a más de unas pocas personas mirando hacia otro lado, puede ser el momento para realizar una escapada rápida o un Q&A (Preguntas y Respuestas). También hay otros beneficios por los que usted debería conectarse personalmente a través de la webcam:

Mantener el contacto visual crea un vínculo muy importante con sus participantes.

Evite sonreír a excepción de cuando alguien dice o hace algo bueno. Al sonreír sólo como una recompensa, la naturaleza humana trabajará para intentar ganar más sonrisas.

Mientras habla, utilice el hecho de que puedan verte. Gesticule en los puntos importantes, o muestre un informe sobre el tema del que está hablando. Asegúrese de moverse un poco más lento de lo habitual para evitar desenfocar o pixelar las pantallas.

AL CONCLUIR EL SEMINARIO

Después de que sus hablantes hayan hablado y que todo el mundo haya podido realizar todas sus preguntas - y especialmente si se ha acabado el tiempo - es el momento de cerrar la conferencia. El final puede ser algo más que un "adiós". Puede usar el tiempo restante para dar una buena conclusión ya esto aportará un mejor final a la reunión.

Concluyendo el seminario

En los últimos minutos de la sesión, se puede resumir lo que fue hablado y atarlo con el objetivo principal de la reunión. Esto ayuda a consolidar los puntos realizados por usted y sus oradores.

Asegúrese de tener tiempo suficiente para ir concluyendo los temas. Calcule que unos cinco minutos es un buen tiempo para concluir una reunión y que se puedan despedir los oradores. Dos o tres minutos antes de esos últimos cinco minutos, comience a llevar la reunión de nuevo bajo su control personal.

Agradecimientos y reconocimientos

Normalmente, las gracias saldrán al principio de la reunión y al final de la reunión con un "Gracias de nuevo". No sólo es este redundante, sino que asume que a sus participantes no les importa el tiempo que se gasta de esta manera. Las Gracias a los oradores será al comienzo de la reunión y todos los demás al final. De esta manera, si los participantes lo desean, pueden quedarse a escuchar quién hizo cada parte de la reunión, o pueden irse. Para la web y para las video conferencias, una buena idea es crear una Presentación de PowerPoint llena de diapositivas de las personas a las que quiere dar las gracias y sus nombres. Realice un bucle con la galería cinco minutos antes de la reunión. De esta manera, los participantes tienen algo que mirar mientras esperan y su gente se lo agradecerá. Se puede ejecutar de nuevo al final también.

Al agradecer a la gente, se debe hablar de los oradores, presentadores, y cualquier persona que ayudó a organizar la reunión. Mientras usted está en el final y agradeciendo a las personas, dando las gracias a sus participantes de nuevo. Esto hará que no sólo se sientan bien, sino que también ayuda a fomentar que vuelvan a la próxima reunión.

UTILIZANDO EL FINAL PARA HACER MÁS COMIENZOS

Se dice que al salir de un lugar, simplemente se está entrando otro. Al concluir así su reunión se asegura el punto de partida de otra reunión. Con los colegas y empleados, su énfasis en marcar objetivos y en hacer cosas más importantes más adelante reforzará esta futura reunión y puede traer muchos de los participantes de la actual reunión a la futura reunión.

Con clientes y clientes potenciales, puede utilizar la conclusión para conseguir darle una chispa para que quieran participar en la siguiente reunión. Dígales que tienen que hacer ahora y cuales deberán ser sus siguientes pasos. Termine con una buena nota y aliente a los participantes a que habrá más reuniones en el futuro.

MÁS ALLÁ DE UNA WEBINAR EXITOSA

Las Webinars son más que simples reuniones: son

herramientas para conectarse con sus empleados, y con sus clientes. Estas le permiten estar en lugares que habría sido casi imposible estar en otros casos. Las Webinars ofrecer más opciones para llegar a la gente, y abren vastas posibilidades más allá de una simple conversación.

AHORRO DE TIEMPO Y DINERO

Cuando decide hacer un seminario web en lugar de encontrarse en persona, son capaces de ahorrar un montón de tiempo y dinero. Obviamente hay algunas razones de peso que le obligan a estar en algún lugar; si tiene que firmar algo en persona, estrechar la mano de alguien, o participar en un partido de fútbol. Si tiene una reunión fuera de la ciudad, debe cuestionarse si sus objetivos se podrían lograr a través de una webinar.

Piense en el coste promedio de un billete de avión a su destino, más otros factores adicionales que surgen derivados del viaje como los taxishacia y desde el aeropuerto. Añada el hotel y las comidas, y tampoco se olvide de medir el trabajo perdido mientras se viaja.

Ahora compare eso con el coste promedio de un seminario y verá que el ahorro es bastante drástico. Además, piense en todo el tiempo que ha perdido en preparar el viaje, en ir al alojamiento, etc... y compárelo con la preparación de una webinar. Usted puede preparar la webinar 10 o 15 minutos antes del comienzo, y una vez finalizada puede volver al trabajo normalmente. Si fueran reuniones en la misma ciudad, estas ya son una gran parte del su presupuesto habitual, pero cuando tenemos que realizar muchos viajes a otras ciudades, los seminarios web pueden ser un protector económico en el balance final de su empresa.

El enorme ahorro de costes y tiempo no tienen por qué ser las únicas razones para utilizar un seminario web en lugar de una reunión cara a cara. Las reuniones locales también se pueden mejorar, incluso si la reunión está en un edificio que esté a sólo quince minutos, debe evaluar todo lo que implique llevar su coche, conducir, aparcar y caminar hasta la reunión. Lo que por lo general le suele llevar al menos media hora de tiempo perdido... y no se olvidé que todavía tiene que volver. Multiplique esto por todos los participantes implicados y todo el tiempo de trabajo que van a perder el día de la reunión. Otro factor es la gasolina que consumirán todos los participantes a la reunión y el alto coste que tendría. Basta con pensar en toda la contaminación que se puede evitar mediante la sustitución de una reunión local con una webinar - es el tipo más verde de reunión de las existentes.

UNA MEJOR GESTIÓN A TRAVÉS DE SEMINARIOS

En las grandes empresas o incluso las pequeños

empresas con varias marcas, es fácil perder la pista de las personas. Las reuniones son una buena manera de mantenerse en contacto con su gente, estar al día con lo que están haciendo, y ayudarle a lograr los objetivos. El problema con las reuniones tradicionales es que usted tiene que dejar de trabajar. También hay una tendencia a utilizar todo el tiempo presupuestado, sobre todo si se trata de un encuentro raro. Con las webinars, los empleados no tienen que salir de su zona de trabajo, solamente tienen que unirse a la webinar y volver de inmediato a trabajar después, ya que no tienen por qué ser solamente reuniones de negocios. Usted puede utilizar webinars como una parte integral de su proceso de trabajo. Si hay más de dos empleados que están separados por cualquier tipo de distancia, hay una gran tentación de reemplazar la verdadera comunicación con los correos electrónicos y la mensajería instantánea.

Aunque esto funciona en un nivel básico, el potencial para que suceda falta de comunicación u omisiones son altos. Para evitar esto, se puede configurar una webinar especial online para ciertos grupos de empleados. Cuando se realiza un cambio de proyecto, debería conseguir a una persona de cada departamento afectado para una webinar, lo pueden hacer en la misma página mucho más rápido e incluso puede llegar a una mejor idea, detectar un defecto, o resolver un problema. Tienen todo su escritorio al alcance de sus manos, y todo ello sin la molestia de ir a una reunión.

AUMENTAR LAS VENTAS

Las Webinars tienen un gran potencial para aumentar las ventas de una empresa. Estas se pueden utilizar en cada paso del proceso, así como también puede ayudar a crecer una relación con sus clientes. Las Webinars ayudan a la empresa a destacarse y facilita la comunicación con sus clientes de una manera nueva y fresca, lo que mejora la experiencia del usuario, pero también puede llevar la empresa al cliente en lugar de hacer que el cliente venga a nosotros. Una webinar es una gran manera de distribuir información, pero también puede crear y mejorar las relaciones dentro de la empresa o con sus proveedores.

LA WEBINAR COMO HERRAMIENTA DE MARKETING

Seguramente esté acostumbrado a gastar cierta cantidad de su presupuesto en marketing y publicidad tratando de conseguir que su empresa sea conocida, para mejorar la imagen de su marca. Usted también deberá gastar más dinero de su presupuesto para anunciar una webinar, pero ¿por qué no dejar que simplemente se difunda con el boca a boca? Añada una invitación a una webinar semanal en sus facturas, o publique un anuncio sobre una gran webinar en los periódicos. Pero no sólo haga una reunión a las que las personas puedan asistir, sino que intente convertirla en una experiencia que no querrán perderse.

Intente tener un invitado famoso, u ofrecer una sesión llena de consejos sobre algo que les importa. Podría incluso ser el anfitrión de una webinar sobre algo que no tiene nada que ver con su empresa, pero aún así, incluirse a sí mismo al principio y al final de la webinar.

Generar contactos

Una vez que consiga a las personas interesadas en asistir a su seminario, puede convertir ese interés en clientes potenciales. Configure una página de registro que pueda facilitar un código para la conferencia añadiendo algún tipo de información de contacto y la información para realizar las ventas.

Tenga algunos operadores para contestar sus llamadas y contestar a algunas preguntas que les llegan sobre la conferencia. Con ello, no sólo sabrá quién está interesados en lo que tiene que decir, también recopilará un poco de información acerca de los clientes potenciales. No importa cómo llegar a los clientes potenciales en su webinar inicial, ahora tiene la información que necesita para invitarlos a más webinars específicas de su empresa.

LA CONVERSIÓN DE CLIENTES POTENCIALES EN VENTAS

Si ya ha anunciado una webinar sobre su empresa o sus productos, ¿adivinen qué? Todas las personas que llamen son un cliente potencial. Sin embargo, si tienes la información de otras fuentes - incluso de webinars anteriores - aún puede utilizar esos clientes potenciales para sus ventas.

Una webinar es una forma de hablar con una gran cantidad de personas de una manera que también nos permite una conexión personal. Un participante puede realizar una pregunta a otro participante de manera directa. Con todo el mundo en MUTE (en silencio), casi parece como si fuera una conversación privada entre usted y los participantes. En una conferencia Web, normalmente el participante se sienta delante de su equipo para escuchar su voz mientras ve una presentación de PowerPoint. Las Video conferencias le permiten hablar con ellos cara a cara, situando su cámara a la derecha/izquierda inferior de su monitor.

Un cliente potencial en su seminario web es como una persona que navega por su tienda, pero mejor. Usted sabe que tiene algún interés en lo que usted tiene para vender, están lo suficientemente motivados para ir hasta usted, y ahora lo que tiene que hacer es que a este cliente potencial le sea fácil tomar ese primer paso. Ahora todo lo que tenemos que hacer es mirar directamente a la cámara web y mostrarles su propuesta.

ESTABLECER UNA BUENA RELACIÓN

No siempre podemos estar ahí para contestar a todas las preguntas de nuestros clientes, pero podemos hacer que el trato sea más fácil y de calidad. Una vez que tenga sus clientes, es importante que se sigan sintiendo que hicieron la elección correcta. Puede organizar seminarios web regularmente con sus actuales clientes para demostrar que usted todavía está allí para ellos. También puede presentarles algunos oradores invitados que tienen conocimiento en el industria. Puede alinear sus preguntas y darles respuestas en el acto. Se puede conectar con ellos de una manera que es a la vez agradable y fácil para todos los involucrados.

Mantener la relación no es la única razón para hacer webinars de manera regular. También puede mantener a sus clientes al día de los cambios en sus productos. Si ha ampliado los productos de alguna de sus líneas de negocio, puede informarles sobre esos nuevos productos y, tal vez, logre algunas cuantas ventas más. Usted puede vender algo a alguien una vez, pero se necesita tener una relación para vender a una persona muchas veces.

GENERAR REFERIDOS

El boca a boca es algo muy poderoso, puede crear o

derrumbar una película, un restaurante, o una empresa. Si tiene una buena relación con un cliente satisfecho, entonces no tendrá problemas de que le recomiende a sus amigos y conocidos. La próxima vez que haga una webinar para sus clientes, incluya un pase de invitado para que estos se las puedan dar a alguien o configure su página de registro para incluir un lugar para que sus clientes puedan recomendarle a alguien mediante la introducción de un correo electrónico.

Otra idea es que la próxima vez que esté en un seminario online con un cliente, le ofrezca traer a alguien que sabe que le puede interesar. Si sus clientes están entusiasmados con sus productos y su forma de hacer negocios, no va a tener ningún problema ya que solamente con un poco de estímulo conseguirá que sus clientes compartan ese entusiasmo con otros clientes potenciales.

HACIENDO NEGOCIOS

La esencia misma de las webinars está haciendo más fácil la comunicación. Este le permite hacer más cosas de maneras diferentes a pesar de las largas distancias. Ya se trate de una reunión con un cliente y expertos en todo el mundo, o simplemente de tener una charla rápida con los directores en cinco estados o provincias, las webinars están cambiando la forma de hacer negocios para mejor.

Use la función de grabación simple. Esta función le proporciona una forma de guardar y revisar todas sus reuniones anteriores. Esto puede ser muy útil por muchas razones, incluyendo la legal, la cohesión, o incluso la nostalgia. Las grabaciones también se pueden utilizar echar una mano a los clientes o empleados que tienen otros horarios: si no han podido asistir a una webinar en concreto, pueden acceder a ella más adelante y ver y escuchar la grabación cuando les sea más conveniente.

Usted puede ir aún más lejos con las grabaciones. ¿Por qué no hacer una webinar planeada desde el principio para ser vendidas o regaladas a los clientes más valiosos? Podría vender las grabaciones online, u ofrecer en un CD una copia de su presentación de PowerPoint, la agenda, y los folletos electrónicos con la webinar. Cada negocio es único y usted podría encontrar un mercado para el uso exclusivo de las webinars. El truco consiste en mirar más allá del uso obvio de una webinar y ver cuántas formas tiene para poder mejorar su comunicación, sus ventas, y sus prácticas de negocio.

INTRODUCCIÓN AL VIDEO ONLINE

El video online se ha utilizado con eficacia durante bastante tiempo como herramienta de comercialización y de promoción por parte de grandes y pequeñas empresas en todo tipo de industrias las industrias. Los recursos necesarios para crear y publicar estos videos en YouTube y similares, que están disponibles de una manera muy fácil por lo que hace que sea más fácil para las pequeñas empresas y para los emprendedores llegar a los clientes potenciales de forma rápida y asequible.

Sea cual sea su mercado, el video le da más oportunidades para expandir su marca (branding) al obtener más visibilidad y dar más credibilidad a su empresa dentro de su nicho de mercado. El establecimiento de una buena estrategia de video marketing debe ser uno de sus objetivos si quiere dirigirse a un público más amplio.

Para darle una imagen más clara a la comercialización de video y por qué es necesario crear una estrategia de promoción de gran alcance, vamos a ver cuáles son sus principales características:

- Baja barrera de entrada: como se mencionó anteriormente, los videos en línea requieren muy poca inversión para poder crearlos. Básicamente lo que necesita son una cámara web y una cuenta de YouTube, Vimeo u otros portales de publicación de videos.

- El video online le permite transmitir mensajes claros y convincentes, establecer credibilidad y mejorar la confiabilidad de su marca. Las personas serán mucho más propensas a confiar en usted y a relacionarse con usted cuando pueden ver y oír su voz.
- Al igual que los medios de comunicación sociales, el video online le permite establecer una fuerte conexión personal con sus clientes y clientes potenciales o futuros clientes, asegurándose de que se crea una conexión personal, incluso antes de reunirse con ellos cara a cara.
- Es bueno para su posicionamiento en los motores de búsqueda: según un estudio realizado por Forrester Research, al tener una mayor presencia en YouTube se puede obtener puntuaciones más altas porque el video tiene hasta 50 veces más posibilidades que el texto plano de llegar al top de los rankings de búsqueda de los motores de búsqueda.

Todo esto hace que el video online sea la mejor solución para cuando se desea aumentar conciencia, tanto para usted y su producto, así como para acelerar el proceso de las ventas. Así que ahora que sabes todo esto, puede ser que se pregunte cómo puede utilizar el video en su negocio. Vamos a repasar rápidamente los principales negocios que utilizan el video:

- Página web:. La página de inicio de su sitio web debería tener un video de bienvenida. Este es donde se explica el quién, el qué y el porqué de su marca, empresa o negocio, asegurándose de que el visitante recibe toda la información relevante respecto a su negocio y de cómo puede ayudarlos.
- La página de ventas: Además de la elaboración de texto plano efectivo en sus páginas de ventas, también necesitará un video si desea obtener más conversiones de visitas/ventas.
- El blog: Así como usted utiliza su blog para proporcionar sus productos mediante los comentarios, consejos de expertos y así otros consumidores, usted puede convertir el blog en un Vlog o video blog y crear videos que ofrezca información útil, como los productos y servicios con sus explicaciones, compartir consejos, etc.
- Demostración del producto: muchos negocios utilizan el video para mostrar la introducción de un nuevo producto en el mercado como una forma de mostrar al consumidor el producto y demostrar su utilidad y sus características.
- Video e-mail: Usted puede convertir los mensajes en una postal de video o incluyendo el video (o un enlace a un video) en los mensajes de correo electrónico, y en el proceso es probable que consiga "enganchar" al receptor.
- Testimonios de clientes: Estos pueden ser muy eficaces para el negocio. Pregunte a sus clientes y/o compañeros de trabajo para poder crear testimonios en video para su empresa o negocio.
- Tutoriales: Estos son importantes para los consumidores que necesitan instrucciones paso a

paso sobre cómo utilizar determinados productos y servicios específicos.

- Video coaching: Un gran número de grandes empresas utilizan el video para destacar la entrega del servicio y para lograr hacer las sesiones más interactivas, personales y dinámicas. Es necesario intentar mantener al espectador interesado en lo que se está diciendo. Para ello puede utilizar herramientas tales como Ustream, Skype y Dimdim pueden ser muy útiles para crear videos.

LOS BENEFICIOS DE LA COMERCIALIZACIÓN DE VIDEO

Ahora que tiene una mejor idea de lo que es la comercialización de video, vamos a echar un vistazo a los beneficios.

Si está teniendo problemas para vender sus productos o servicios, su equipo de marketing, sus socios y jefes con el concepto de video online, pueden sentir que es una forma diferente de obtener algunos de los muchos beneficios que puede aportar para el negocio. Vamos a ver cómo exactamente como el video beneficia su negocio, y veremos algunos consejos sobre cómo llegar a la acción, pero en primer lugar, veremos algunas estadísticas interesantes sobre los videos en Internet:

- YouTube es el segundo buscador más popular, justo después Google, propietaria de YouTube.

- YouTube recibe más de 4 mil millones de vistas por día
- Más del 80% de los ejecutivos de marketing incluye el contenido de video en sus estrategias de marketing
- Las cuentas online de video son más del 50% de todo el tráfico móvil
- Casi todo el mundo visualiza video online todos los días

En cuanto a estas estadísticas, se puede ver por qué el contenido de video es un elemento crucial que merece sus esfuerzos de marketing. Echemos un vistazo a algunos de los beneficios que ofrece el video para las grandes y pequeñas empresas:

- El video es fácil de localizar. Los consumidores siempre están buscando productos y servicios. ¿Dónde se ven? Es más que probable, que realizando búsqueda online. Los resultados de la búsqueda pueden verse afectados por su presencia en las redes sociales, donde sus páginas oficiales de las redes sociales actúan como un punto de entrada al sitio web, micro-site o página de promoción. YouTube es el segundo motor de búsqueda de videos más usado ampliamente, y además, nos proporciona un posicionamiento alto en Google. Otros elementos tales como gráficos, fotos, Twitter, LinkedIn, Pinterest y otras redes similares también se pueden buscar, pero seguramente obtendrá más clientes que provengan de sus videos de YouTube.

- El video hace que sea más fácil compartir su marca o servicio. Cerca de 700 videos de YouTube se comparten en Twitter cada minuto. Esto puede hacer o romper su negocio, en función de la confianza espectador/consumidor. Compartir video es un parte fundamental de las redes sociales y esto puede tener un tremendo impacto en la visibilidad de su marca si se utiliza correctamente. La mayoría de los videos compartidos de YouTube son cortos, divertidos e informativos; y consiguen un gran número del tráfico Web a los sitios web respectivos, lo que lleva al crecimiento de su empresa.
- Nivela el campo de juego. La publicidad tradicional de TV puede ser muy costosa; por ello este medio está reservado para las empresas más grandes y para las instituciones y grandes organizaciones privadas. Pero el video online puede ser accedido y utilizado por cualquier persona, sin importar la cuantía de su presupuesto de marketing. El truco está en ser más creativo y dirigirse a su público más específicamente.
- La información en tiempo real y la interacción. Mucha gente deja comentarios en los videos, lo que es una excelente manera de aprender más acerca de sus consumidores. Al crear videos que cautivan a los espectadores y presentar una plataforma interactiva para publicar opiniones o comentarios, lo que está consiguiendo es básicamente dar una voz a los consumidores; lo que les permite identificar las áreas específicas de su negocio que requieren mejoras. En el proceso obtendrá una gran cantidad de informaciones útiles sobre los gustos y preferencias, y aprenderá a participar con su público.

- El video es fácilmente medible. Existen herramientas para analizar y medir de una forma simple el tráfico, y el impacto de sus videos, a las que se pueden acceder online y realizan un gran trabajo midiendo todos los aspectos de la campaña de comercialización de video. Necesitará saber qué videos son los que obtienen más visualizaciones, cuáles no son y qué opiniones se traducen en nuevos clientes. Hay docenas de herramientas disponibles para la medición y análisis de video, estas deben ayudarle a obtener un informe muy preciso sobre el rendimiento de cada video.
- El video no muere. Los videos que se cargan en YouTube tendrán un papel en su estrategia de marketing durante un tiempo mucho más largo que otras formas de contenido. Esto puede ser bueno o malo, dependiendo de su estrategia, pero en general el video mantiene la transmisión del mensaje y reduce el gasto global considerablemente. Puede considerar hacer una inversión inicial en video marketing o sembrar sus videos por muchos canales gratuitos como una forma de promocionar el video, como usted decida, el video anuncio en un canal de Internet como Youtube podrá ser visualizado en numerosas ocasiones y momentos del día, al contrario que los anuncios de televisión sólo son visualizados en el preciso instante de su transmisión.
- El video estará siempre a un clic del botón COMPRAR. El 42% de los aparentes compradores son propensos a las compras después de ver un anuncio online: sólo el 9% de los consumidores realizar una compra después de ver un anuncio en la televisión. Cuando está correctamente

configurado, el video online permite a los consumidores acceder rápidamente a su producto o servicio siguiendo los enlaces hacia su sitio web o página de ventas, donde pueden realizar una compra. Los telespectadores suelen tener que iniciar sesión en el sitio utilizando un dispositivo separado con el fin de realizar una compra, lo que socava la eficacia de los anuncios de televisión en relación con el video online. Cuando un consumidor se detiene en su sitio web y ve un video, suele quedarse un poco más de lo previsto, lo cual es una de las principales razones por las que se utiliza el video en cada parte de la campaña de marketing. Cada video de su sitio web debe cautivar al espectador para intentar hacer gastar al consumidor más en sus servicios o productos. Incluso los simples videos al estilo "how-to" o “como se hace” pueden tener un gran impacto en las ventas, siempre que mantenga el contenido orientado al cliente.

- El video acerca a la venta. O por lo menos así debería ser. Demasiadas personas pierden oportunidades por subir videos que son muy aburridos y que duermen al cliente/consumidor, o los que son tan vagos que dejan al cliente totalmente confundido. Otro escenario interesante es donde los vendedores se centran tanto en la creación de videos de entretenimiento que en última instancia, el cliente no ha visto nada sobre los productos o servicios de la empresa, lo cual tampoco es nuestro objetivo. Recuerde que usted está tratando de vender, no se centre totalmente en el entretenimiento, y en su lugar, trate de comunicarse con claridad y de asegurarse de que los clientes saben exactamente que estos videos ayudan como soporte tanto para la compra como para la ayuda sobre los productos o servicios de la marca. El video móvil trae consigo más oportunidades para los videos cortos, divertidos con publicidad de sus productos. Un video móvil debería de tener una duración aproximadamente de 30 segundos para ser efectivo según Rhythm Insights. El video móvil también es una buena herramienta de marketing para que sus clientes hablen, compartan y lo que es más importante, que compren sus productos.

¿Cómo puede su empresa beneficiarse al aventurarse en el marketing online? Los nuevos empresarios están en condiciones de hacer uso de las características y beneficios de sus negocios. Averigüe cómo su empresa podría estar utilizando esta herramienta para obtener estas ventajas y encuentre una manera de poner en práctica una estrategia de comercialización usando el video que funcione.

CÓMO UTILIZAR EL VIDEO EN SU COMERCIALIZACIÓN

ESTRATEGIA

Cada estrategia de marketing digital con visión de futuro combina la potencia de video con otros elementos importantes para crear una campaña de marketing que produzca un buen retorno de la inversión, así como el propietario de un negocio que necesitará aprender a implementar el video en su estrategia. La mayoría de las estadísticas del mundo de la tecnología digital cita la comercialización de video online como uno de los principales pilares del marketing, y se cree que representará dos tercios de los datos móviles del mundo en el año 2016.

Con todas estas estadísticas flotando alrededor, el dueño de un negocio mediano quiere saber cómo puede planificar, crear y promocionar videos; teniendo en cuenta su pequeño presupuesto y que tiene una experiencia en la producción mínima. A lo que usted está dispuesto, es decir, que necesita para construir la identidad de su marca y hablar en el idioma de los posibles compradores, y el video facilita todo esto.

El marketing y las estrategias que se usan hoy en día están en constante crecimiento y evolución. Esta innovación continua se caracteriza por los medios de marketing digital y ni usted ni nadie puede ser un experto en todo: pero también significa que los principiantes pueden aprender a adoptar técnicas que nunca habían pensado o intentado antes. Si tal vez ha estado pensando que la producción de videos está fuera del alcance de su empresa, porque el concepto es ajeno a ti, piénselo otra vez.

Vamos a ver unas normas que le resultarán sencillas a usted, que no ha desarrollado una carrera en cinematografía para que pueda aprender a usar el video como una estrategia de éxito de su plan de marketing.

1. Videos del producto

La creación de un video para un par de zapatos no parece ser la idea más revolucionaria cuando se quiere promocionar el producto pero fíjese en una cosa.

Tradicionalmente, las empresas realizan los videos de productos con las características del elemento, construyen la marca y, como siempre, se centran en un objetivo: comprar. Esto hace muy poco para conectar con el comprador potencial y, como consecuencia, muchas empresas pierden oportunidades reales. Desarrolle videos más creativos. Mostrar un giro de 360 grados del producto podría ayudar a los consumidores ver lo que parece, pero no ayuda conectar con ellos. Animar el producto, mostrando que está siendo utilizado por personas reales, las experiencias y los testimonios de los clientes, dan vida al producto y su objetivo es proporcionar ese valor añadido a sus espectadores.

2. Haga una serie

Una forma enganchar a la gente con los videos es darles una razón para seguir observando. Las grandes marcas como Target y Adidas utilizan sus marcas en las series de video como una forma sencilla de crear y mantener un enganche recurrente con sus compradores.

No es necesario trabajar con un gran presupuesto para crear una serie de gran valor. Incluso con un presupuesto limitado todavía puede crear una serie casera que demuestra las nuevas formas de usar un producto, o un recurrente how-to o guía que ayude a resolver problemas simples, o una serie semanal que ofrezca información relevante para los espectadores.

Elija lo que usted elija, asegúrese de que los espectadores saben lo que puede esperar de la serie que va a ofrecer y hágales saber cuándo deben sintonizar para la próxima entrega.

3. Video Concursos

Este es un plan muy inteligente: dejar que otras personas hagan el trabajo por usted. Si desee crear contenido de video atractivo, pero tienen un problema de falta de creatividad o presupuesto, puede crear un concurso en su página de redes sociales, mediante email marketing o página web, y se le pida a la gente crear video en torno a un tema específico, a cambio de un premio.

Hágales saber cómo se seleccionará el ganador y que premio recibirá el ganador, a poder algo con cierto valor, pero no excesivo: nadie va invertir 20 horas de trabajo sólido por una tarjeta regalo de 5€. Ahora, cuando consigue ese video úselo en consecuencia. Si se trata de una video promoción de un producto, lo puede utilizar como una herramienta para comercializar ese producto. O a la inversa, si quería un video artístico para añadir carácter a su marca para luego compartirlo con su público.

Cuando la gente se involucra activamente con su marca es seguro que desarrollará una vínculo más fuerte con su empresa.

4. Haga todo lo posible por ser único

Es posible que haya oído o leído en alguna parte que con el fin de tener éxito cada empresa debe o bien ser el primero, el mejor, o diferente del resto. Es un principio interesante y ciertamente se aplica a los casos del video y del contenido.

El hecho de que su principal competidor haga un video con perro que habla y que tiene 100.000 opiniones, no significa que usted deba hacer lo mismo. Es muy tentador mirar a otras historias de éxito como una buena fuente de ideas y, a veces eso está bien: pero no suele dar buenos resultados el intentar emular lo que ya se ha hecho.

5. Haga una parodia o remix de una canción popular

¿Ha notado cómo los videos remezclados hábilmente tienden a ser virales? Todo depende del calendario y de la creatividad. Usted puede parodiar un video popular, y si lo hace correctamente, que quede bien, puede generar miles de visitas y en el proceso ganar un gran número de seguidores. Un enfoque más específico es mejor y si encaja bien con su producto o servicio, y no dañar su imagen de marca de cualquier manera, a continuación, utilice esto como una manera de llamar la atención.

Si quieres un efecto real, el objetivo de crear un video que habla y ofrece una valoración auténtica a su público. Mire cómo se desarrollan los videos online y trate de mantenerse a la vanguardia. Hace un par de años, el video, incluso en los mercados internacionales, se podía crear en un país cualquiera y luego era doblado al inglés.

Hoy en día, los vendedores producen y publican videos en los idiomas locales. Tanto las grandes como las pequeñas empresas graban testimonios de clientes en la lengua materna del hablante, y se usan subtítulos con las traducciones para los otros mercados.

Los espectadores conectan con la persona que habla y también da la sensación de que su empresa tiene un enfoque global. La traducción no tiene que ser una prioridad en la estrategia global de marketing, sino que intenta ir más allá de lo que has llegado a esperar del departamento de marketing, y descubre nuevas formas de hacer llegar a su público más cercano su marca, y mejorar las impresiones de su público durante más tiempo. El video online le da el poder de la vista y el sonido, que significa más formas de mantener al espectador enganchado mientras que les vendemos el valor de su producto, servicio o marca: y el por qué deben estar usándolo.

INTRODUCCIÓN A YOUTUBE

A medida que más empresas recurren al marketing con contenidos de video como la mejor solución para su expansión y crecimiento, un gran número de empresas grandes y pequeñas siguen cometiendo errores con sus canales de YouTube, lo que acaba provocando menos vistas para sus videos. Interbrand Top 100 muestra un crecimiento exponencial de la producción de videos con YouTube ads (anuncios) en casi todas las industrias, y las empresas están invirtiendo más dinero para lograr una mayor calidad en sus anuncios de video.

Además de crear los canales más eficaces de YouTube, marcas como Toyota y Coca-cola también están incorporando sus videos de YouTube en sus sitios Web. De hecho, más del 80% de las 100 principales empresas del mundo incrustan sus videos de YouTube en sus páginas web; lo que tal vez empañan la línea entre los canales digitales, pero sigue siendo una estrategia eficaz.

Como el video online evoluciona, cada vez surgen más métodos y estilos de video. Por ejemplo Intel, emplea a ambos, videos producidos profesionalmente y usuarios que generan contenidos, logrando así un efecto más potente de confianza sobre la marca. Así que ¿por qué las marcas invierten tanto dinero en la comercialización de video, pero cada vez tienen menos visualizaciones? Todo el ecosistema de YouTube, desde las grandes marcas hasta las pequeñas start-ups, pueden conseguir más seguidores y una de las maneras de obtener esto es centrándose más en marketing de contenidos de video.

EL MARKETING DE CONTENIDOS DE VIDEO Y YOUTUBE

Un gran número de empresarios asumen que con la asignación de un par de etiquetas y una breve descripción de un video de YouTube y luego añadiendo el nombre de la empresa ya están "hacemos marketing online de contenidos de video". Desde luego, no siempre resulta tan sencillo: hay que conseguir videos con buenos ángulos, buenos actores o animaciones, buenos fondos y que sean atractivos, esto, claro está, si quiere hacer crecer su número de seguidores.

LOS ELEMENTOS DE LOS VIDEOS VIRALES

En lugar de comenzar con la pregunta común de cómo hacer un video se convierta en viral, vamos a empezar por explorar varios elementos que juegan un papel importante en la creación de un video viral:

1. La Conexión Humana

Averigüe si su video provoca una respuesta emocional fuerte. Cuando un video provoca fuertes emociones que crea un fuerte deseo de compartir. Un ejemplo perfecto es FirstKiss, una campaña creada por la empresa Wren, en la que el video muestra se besan 20 desconocidos. El video tuvo más de 2 millones de visitas a la mañana siguiente de publicarse y tenía más de 70 millones de visitas en dos semanas.

2. Ternura

La gran mayoría de las personas suelen quedarse boquiabiertos cuando ven imágenes que muestran mucha ternura. Ben Huh conoce muy bien este tema y explota esta tendencia mediante la inclusión en sus anuncios de fotos lindas de gatos y añadiendo algunas frases ingeniosas y/o tontas para hacer que el contenido sea un éxito seguro. Pero no sólo los gatos lo hacen bien en los anuncios, los perros también funcionan muy bien, al igual que los bebés adorables, y una colonia de pequeños pingüinos o patos.

3. El Contenido de Interés Periodístico o Social

Aparentemente todo lo que hacen o dicen los líderes políticos es de interés periodístico, y lo es porque estamos en una época en que las redes sociales ha extendido exponencialmente su uso y el partidismo político ha alcanzado un máximo histórico, incluso los opositores políticos se involucran y comparten sus contenidos sobre sus líderes. Esto provoca numerosas emociones como la ira, la indignación y la repugnancia; y este tipo de videos se propagan de forma viral con bastante facilidad.

4. Humor

El humor, desde hace mucho tiempo ha ayudado a las personas a lidiar con el dolor y la adversidad física. También es uno de los mayores impulsores de la viralidad de los videos. La cultura Pop está llena de comedia viral y esto se puede observar con Jimmy Fallon, que hace videos virales el 100 por ciento del tiempo.

5. El no-lineal o lo inesperado

Una manera de hacer este punto es mediante la diversidad de contenidos, y que la gente siempre quiere lo inesperado. Un video inédito que muestra a la gente en su estado natural, de cómo responden o reaccionan a una situación extraña, tiende a generar una gran cantidad de visitas.

Estos cinco elementos se pueden observar en muchos de los videos virales publicados en YouTube y, como vendedor, usted puede aprender a cómo poner en práctica algunas de estas características en sus propios videos. Cabe señalar, que con el fin de aumentar las posibilidades de que el video sea viral, puede tenga que combinar varios de estos elementos.

En realidad no hay un límite de elementos que puedas usar para despertar la curiosidad de la gente realizando un video que tenga un contenido que sea totalmente inesperado para el espectador. Cualquier cosa, desde los platillos voladores o la desaparición del avión de Malasia; hasta cualquier cosa que usted piense que va a hacer que la gente tenga algún tipo de reacción cuando vea su video, podría ser útil. Encuentre una manera de mantener a las personas en diferentes temas, pero cuando haya terminado de aplicar estos cinco elementos, puede que tenga que pararse un momento y reflexionar sobre algunas otras cuestiones que es posible que nos hubiéramos dejado atrás o en las que ni siquiera nos paramos a pensar.

SEO

Para la mayoría de los vendedores, el SEO es una cuestión bastante complicada, principalmente debido a las frecuentes actualizaciones del algoritmo de Google, pero para que sus videos puedan conseguir miles de visitas, hay que hacerlos más orientados hacia el search-friendly, es decir, la búsqueda amigable. Como por ejemplo, puede utilizar Adwords Planner de Google para esto, pero es mejor empezar por hacer algunas búsquedas sobre las palabras que desea usar en su video, sobre su industria específica y cuando defina el título y la meta descripción, utilice esas palabras claramente en un formato de frase. Las personas son más propensos a buscar algo así como "el mejor método de pago y software de facturación", que, por ejemplo, "métodos de pago los amiguetes!".

La promoción multiplataforma: Después de incrustar el video, subirlo a YouTube y los diferentes puntos de distribución bajo un nombre diferente. Recuerde que YouTube y Google son los dos principales motores de búsqueda, así que no intente trucar sus rankings, y haga solamente los pequeños ajustes necesario con el fin de obtener ventaja de ambos motores.

Utilice transcripciones. Tanto Google como YouTube no extraen todas las palabras en sus videos por ello a veces los motores de búsqueda tienen problemas para descifrar el video y encontrar el tema en cuestión. Una forma puede ayudar a aumentar el SEO de su video es transcribir el video y convertir el texto en una entrada del blog relevante. El blog notificará a los motores de búsqueda sobre el contexto del video y como resultado Google mejorará el ranking de su sitio.

Ahora que sabes todo esto, la próxima vez que suba un video en YouTube o en otros canales, asegúrese implementar estos pasos. Todos ellos son elementos importantes para el éxito de cualquier campaña de marketing de video y son elementos que han funcionado bien para otras marcas por lo que deberían funcionar bien también para su marca.

Cuando se agiliza el proceso de crear un contenido efectivo para las ventas, de la captura de clientes y el SEO, notará una gran diferencia en cómo los videos alcanzan cotas de visitas mucho mayores.

LAS MÉTRICAS DEL VIDEO MARKETING

Usted ha dedicado su tiempo, energía y dinero a la creación de una gran campaña de video marketing; ahora es el momento de que usted recule un paso atrás y analice cómo está realizando los videos. Debido a que cada campaña es única, las diferentes métricas actúan como los principales indicadores del rendimiento. En este capítulo vamos a discutir las métricas que serán más valiosas para su marca.

Estas métricas son importantes para todos, desde el vendedor a los expertos creadores de contenido, anunciantes y dueños de negocio medianos. Un gran número de vendedores cualificados y empíricamente motivados no suelen usar los análisis de los videos de la misma forma en la que sí lo hace cuando analiza la web y las cifras de conversión y esto tiene un efecto terrible en sus campañas de marketing. Vamos a profundizar en como corregir eso.

1. EARNED MEDIA

Se trata de cualquier audiencia que se obtiene como resultado de las tendencias o comportamientos sociales, es decir, el boca a boca, como impulsado por los medios de comunicación públicos o privados. Digamos, por ejemplo, usted paga para promocionar un video en YouTube, que alguien lo mire y si le gusta, entonces decide compartirlo en sus propios perfiles de las sociales redes. Las visitas derivadas de esa acción es lo que los vendedores llaman earned media (medios ganados).

Este es una métrica importante del marketing de video porque la gente suele compartir y visualizar un video si cree que se lo envían sus propias redes (familia y amigos). Según un reciente informe de Nielsen llamado Truth In Advertising, más del 80% de los encuestados en 58 países diferentes afirmaron que se encuentran que publicidad digital boca-a-boca es más digna de confianza que otro tipo de publicidades.

Un estudio diferente realizado por Harris Interactive para los Premios Webby ha reportado lo mismo: siete de cada diez usuarios sociales tienen más probabilidades de realizar una compra de diversos artículos después de ver el post de un amigo. Cuando realiza un seguimiento de los earned media usted podrá ver donde está siendo compartido su contenido y como resultado usted podrá ganar un poco más de penetración en los canales sociales más atractivas.

2. MÉTRICAS DE ACCIÓN (ENGAGEMENT)

Junto con el earned media, esto debería ser una métrica común para todos los comercializadores en el formato de video; Shares, Likes y comentarios alrededor de su contenido de video. En cualquier campaña de video, tiene que asegurarse de que las personas reales están viendo e interactuando con los videos que publica online. Por supuesto, el reparto inicial de los videos alimentará este enganche, es por ello que mencionamos los earned medias como la métrica más importante.

La Acción y el earned media pueden contribuir a la distribución de su video a través de las diferentes plataformas de redes sociales, lo que amplía su alcance y, en última instancia, la acción. Como vendedor o empresario, el éxito de sus esfuerzos se mostrará en su capacidad para realizar videos que la gente quiera ver. Suena fácil pero en realidad no lo es: que es por ello que observar las métricas de acción es clave para el éxito de la campaña.

3. TASA DE CLICK-THROUGH

Este es el porcentaje del número de veces que un usuario hace clic en el CTA en el video. Su video debe tener un vínculo para que la gente pueda seguir avanzar. Este clic también puede llevar al público a un video diferente, a su sitio web o página de compra del producto. Básicamente, este porcentaje de clics es una medida para conocer si los anuncios desencadenaron alguna acción. El video no le aportará ninguna ventaja, e incluso le puede perjudicar, si no convence al público a realizar alguna acción.

A menos que el único propósito de su video sea la propia marca, necesitará que el público realice acciones para poder justificar la inversión realizada en el video marketing. En Para maximizar su ROI, preste mucha atención a la tasa de click-through.

4. TASA DE FINALIZACIÓN

Las tasas de finalización le darán una idea bastante exacta sobre si su mensaje ha tenido éxito y ha sido escuchado. En caso de que usted no tiene idea de lo que son las tasas finalización, esto es el porcentaje de personas que ven el video hasta el final.

Es una manera de medir cuanto tiempo visualiza el usuario los videos. Si obtiene un porcentaje alto significa que el contenido está bien alineado con el público objetivo.

Según TubeMogul, una plataforma de software para marketing digital, los espectadores recuerdan los mensajes de las marcas más fácilmente cuando ven el anuncio completo: además, la conciencia de marca crece significativamente cuando los espectadores ven el anuncio completo. Esta es una métrica crucial para cualquier campaña de video, la tasa de finalización le permitirá saber qué acciones tomar para cautivar a su audiencia.

5. SUSCRIPTORES

Los suscriptores son importantes en nuestro esfuerzo por aumentar la cantidad total de tiempo que han invertido nuestro público en visualizar los videos, o el número de minutos vistos. Cuando un usuario se suscribe a tu canal, este recibe actualizaciones automáticas cada vez que suba un video nuevo, y esto le asegurará de que reciben el contenido nuevo de su Canal de YouTube.

Usted puede obtener esta información en su informe de acciones en la pestaña de la ficha de suscriptores. El informe contendrá información detallada sobre cómo tal vez usted ha perdido y ganado suscriptores en diferentes contenidos, fechas, por ubicaciones geográficas, etc. Mediante el uso de esta función, será capaz de averiguar qué video le ayudó a ganar más suscriptores, y por contra, también puede averiguar que contenido le ha hecho perder más potenciales suscriptores.

RECUERDE EL ROI

Puede parecer obvio, pero si sus videos no producen más dinero de lo que cuestan, entonces hay un problema en alguna parte de la producción. El retorno de la inversión, o la cantidad de dinero generado por las ventas como resultado directo del video vs la cantidad de dinero que se gasta en la producción del video, se debe medir como tal. Esto le permitirá saber si su campaña está ganando terreno o si usted está haciendo todo mal.

6. RENDIMIENTO DE COLOCACIÓN

Esto es más un resumen de las métricas que una métrica en sí. Al evaluar el rendimiento por ubicación, tendrá que tener en cuenta la mayor parte de las métricas que hemos mencionado. Digamos, por ejemplo, su campaña de video se va a distribuir a través de los canales sociales, de las redes sociales, blogs, etc. Comparando las métricas de cada una de estas plataformas le dará una buena idea de que canal es mejor para sus futuros esfuerzos de marketing.

Sus indicadores de rendimiento clave determinarán esto, pero puede utilizar las métricas mencionadas anteriormente para recibir información sobre el rendimiento de las acciones y entonces puede concentrarse en la distribución de contenidos en las plataformas que satisfacen mejor sus conversiones.

Al aprovechar estas métricas, habrá ganado la inteligencia necesaria para optimizar el video y, como resultado, incrementará el tiempo medio de visualización del video. Esto hará que sus videos tengan más visibilidad y dará lugar a más oportunidades para canalizar a una gran masa de público a su sitio web para lograr una mejor conversión.

LOS CANALES DE DISTRIBUCIÓN DE VIDEO

¿Ha sospechado alguna vez de que podría estar perdiendo muchos espectadores debido a que sus videos no logran un gran alcance? Podría ser, si usted se limita a promocionar su marca en YouTube, en lugar de combinar los diversos canales de comercialización que están disponibles en internet.

Operar en un solo canal de contenido de video puede frenar su potencial comercialización y afectar al crecimiento de su marca; es por ello que vamos a buscar varios caminos que se pueden explorar en su esfuerzo por lograr un mayor alcance de sus videos.

Debido a la evolución constante del marketing de video, puede que tenga que reevaluar su estrategia de vez en cuando, sólo para asegurarse de que no estas limitando el potencial de tus videos mediante alguna operación o metodologías que se pasan de moda o que ya no atraen al público. Deberá comprobar en que plataformas de video cree que tiene demasiados vídeos que no funcionan y que plataformas tiene menos videos que si funcionan. Con ello podrá mejorar la gestión del tiempo y dedicarle más tiempo a las plataformas de video que funcionan mejor (que no tienen que ser las más conocidas).

Tenga en cuenta que algunas plataformas pueden tener más sentido que otras, en lo que respeta a su marca u objetivos, pero estos son los principales canales:

- YouTube: No es de extrañar, con más de mil millones de visitantes únicos cada año y más de 4 millones de horas de video de visualización mensual, YouTube es de largo la plataforma que domina el mercado del video.
- Vimeo: Con cerca de 1 mil millones de visitantes el año pasado, y un constante crecimiento de miembros, Vimeo se está convirtiendo rápidamente en una plataforma de video con mucho tirón y una fuerza importante.
- Brightcove: Su reproductor de video se descarga más de 3 mil millones de veces al mes y el sitio cuenta con más de 6.300 clientes en todo el mundo, en más de 63 países.

Ahora echemos un vistazo más de cerca a estas plataformas y para ver si tienen algunas similitudes o diferencias, y averiguar en que sobresalen.

CALIDAD

Invertir en contenido de alta calidad será de gran ayuda para su campaña, pero si su plataforma no lo soporta, habrá perdido mucho dinero en la producción. Vamos a decir, por ejemplo, si incrusta un video de alta calidad en su sitio web, lo podrá ejecutar en Alta Definición (HD), o ¿también soporta SD?

La plataforma de videos más popular, YouTube, tiende a reducir mucho las resoluciones de video para evitar las situaciones en las que el ancho de banda es limitado. En este caso, su mejor solución para un flujo de video constante, de calidad superior sería Brightcove y Vimeo.

Vimeo soporta HD de 720p, y mantiene la integridad de la imagen a lo largo de la visualización. Por otro lado, Brightcove ajusta la resolución del video a la disponibilidad del ancho de banda, pero como no soporta SD, el espectador ve nunca ninguna imagen granulada o pixelada.

LAS POSIBILIDADES DE BÚSQUEDA

Si el objetivo de tu video es capar muchos clientes potenciales, obviamente, la búsqueda puede llegar a ser una estrategia importante. Probablemente usted ya conoce perfectamente el agujero negro que es YouTube. Esto sucede porque esta plataforma tiene habilidades de hacerle llegar a lugares que otras plataformas no pueden. También deberá dominar los resultados de búsqueda orgánica más allá de YouTube y en Google y otros motores de búsqueda.

Debido a que YouTube utiliza las metodologías de la

empresa matriz (Google) para las realizar búsquedas, esto hace que sea más difícil para otras plataformas poder competir con su función de búsqueda. Está altamente optimizado y le dará todas las herramientas que necesita para reducir su público objetivo más allá de lo que usted se puede imaginar. Cuando usted accede a una audiencia orgánica que constantemente visualiza de videos en esta plataforma, las oportunidades de que un buen número de usuarios "tropiecen" en alguno de sus videos se multiplican.

INCRUSTACIÓN (EMBEDDING)

Para algunos vendedores, utilizar el video incrustado directamente en su sitio web es más importante que el inbound marketing y en estos casos la incrustación se considera prioritaria. Tenga en cuenta que la calidad de todos sus videos tiene un impacto en la calidad general de su sitio web. Esto, obviamente, haciendo recuento de sus videos fuera de YouTube.

De acuerdo con YouTube, el contenido que tenga en su hosting que no sea necesariamente específico de su marca puede, en algunos, casos aumentar las posibilidades de su visitantes vuelvan a visitarle otra vez.

Si su objetivo es la producción de video de alta calidad para la incrustación, entonces Vimeo es su mejor solución, y más aún si sólo se trata de un número reducido de videos.

PERSONALIZACIÓN

¿Está en el proceso de construcción de su propia red de contenido? Aparte de habilidad, una de las cosas que necesita es una plataforma que le proporcione un mayor control, con suficientes herramientas de personalización. En esta función Brightcove toma la delantera como el mejor candidato para los vendedores que trabajan con un gran número de videos.

La plataforma le permite añadir anuncios pre-roll/post-roll personalizados, darle a su reproductor una apariencia (skin) personalizada y jugar con un montón de herramientas de personalización.

Cuando se compara con Brightcove, tanto YouTube y Vimeo son bastantes restrictivos cuando se trata de personalización y de control, por lo que si el control es importante para usted, Brightcove es su mejor opción.

INVERSIÓN

No hay absolutamente nada de malo en la explotación en plataformas libres populares, como YouTube, pero aún así, si está buscando la funcionalidad de Vimeo o

Brightcove es posible que tenga que pagar unos cuantos dólares.

Nota: Vimeo ofrece un paquete gratuito pero viene con características limitadas.

YouTube es un servicio, pero Vimeo y Brightcove le ofrece soluciones. Si calidad es una prioridad para su campaña, no le quedará más remedio que aflojar el férreo control sobre su finanzas y realizar una pequeña inversión en esta línea.

ANALÍTICA

Como trabajas con grandes volúmenes de datos, descubrirá que necesita poder analizar todos esos datos para poder producir videos que estén mejor orientados a sus objetivos. Las tres plataformas que hemos mencionado hasta ahora tienen sus propias herramientas para la medición y el análisis del tráfico, pero Limelight Networks es especialmente notable por su colección de analíticas.

Hace que sea más fácil para que entienda exactamente cómo el video se conecta con otros elementos de su campaña. El video tiene un efecto considerable en su línea de marketing y la comprensión de su impacto, contribuirá a resolver los problemas y a allanar el camino para una mayor eficiencia.

Centrándose un Nicho

Las tres principales plataformas, YouTube, Vimeo y Brightcove operan como plataformas capa, soportando diferentes propósitos en un amplio espectro de industrias. Veamos por ejemplo Savvy, una red de video de rápido crecimiento que se centra en los líderes de la industria dando discursos y conferencias; la red permite a los líderes llegar a la exposición más allá de sus propias industrias y en los procesos, esto mantiene a los profesionales informados sobre las noticias y tendencias de la industria.

Si puede encontrar alguna plataforma que se centre en su nicho y lo utiliza para atraer a su público, puede que logre incrementar sus visitas y los ratios de conversión ostensiblemente.

Así que, ¿plataforma de video va a utilizar para su marca? Estos factores juegan un papel en el logro de sus objetivos a fin de ir a través de cada plataforma y ver cómo sus características únicas afectan a su plan de marketing.

Cómo las emociones influyen en el Video Sharing

Con un margen considerable, First Kiss sigue siendo uno de los videos virales más vistos, con más de 70 millones de visitas en su primer mes de lanzamiento. La directora de la película, Tatia Pllieva combina una gama de emociones como la curiosidad, ser torpe, tímido y vacilante, para crear un apasionado montaje de tres minutos con 20 desconocidos que se besan por primera vez.

La directora Pllieva reunió a 20 jóvenes desconocidos, sobre todo, guapos, homosexuales y heterosexuales, para besarse por primera vez, y lo que siguió fue una compilación de reacciones elementales adorables en adultos que se encontraban en una situación un poco incómoda, pero emocionante. Logra acelerar el corazón de la mayoría de los participantes a medida que tratan de hacer la tentativamente con una pequeña conversación, preguntándose si deberían dar el primer paso, la mayoría se avergüenzan y tratan de ocultarlo con la risa; pero todo esto se desvanece cuando sus labios se encuentran.

Los participantes son observados explorando el beso y lentamente se vuelve hacia una blanda, apasionada química que la mayoría de las personas anhelan, y que le puede pasar a cualquiera, con cualquiera, y en cualquier momento. El video fue filmado enteramente en blanco y negro y parece desencadenar la nostalgia y la añoranza, en lugar de malestar.

Ahora, ¿cree que algo de esto fue suerte? No. Fue la cuidada elaboración de contenido junto con una extensa y rígida de investigación y una estrategia ingeniosa. Usted pudo haber visto videos de estornudos de cachorros de panda o gatos lindos haciendo monerías, cuando estos videos se producen correctamente, suelen tener un gran éxito, ya que despierta muchas emociones en las personas.

LOS VIDEOS VIRALES

Cada marca quiere que sus videos sean virales, pero, por supuesto, la inmensa mayoría de estos serán inadvertidos por la gran mayoría del público. La clave para la participación (por medio de comentarios) y para el intercambio de su video es apuntar a emociones específicas, y realmente tirar de ese hilo conductor. La mayoría de los vendedores entienden esto y algunos se las arreglan para hacer videos memorables, pero siempre está el reto de mezclar las emociones de tal manera que se consiga el efecto adecuado.

La próxima vez que quiera hacer un video de marketing para su marca, considere estos factores:

1. APELACIÓN EMOCIONAL

Como Bruce Lee dijo en una ocasión memorable, 'Necesitamos contenido emocional'. Si un video te hace sentir feliz, sorprendido, enfadado, lloroso, etc, tiene un gran potencial para lograr múltiples acciones. Las reacciones emocionales fuertes son las que los vendedores necesitan crear pero al igual que su profesor de marketing siempre decía, la mejor manera de mantenerse es con las cosas positivas. Los videos que causan reacciones positivas son más propensos a ser compartidos que, digamos, un video que causa el enfado o disgusto.

2. Que sea potente

La mayoría de los videos que reciben millones de acciones a través de los múltiples medios de plataformas sociales son los que provocan reacciones emocionales fuertes, sean estas emociones positivas o no. Budweiser realizó un anuncio basado en el amor adolescente durante la Super Bowl de 2014. Este un ejemplo perfecto de un video súper compartible, que implica el amor, la amistad, un cachorro muy lindo, y un final feliz que le toca la fibra sensible a muchos espectadores.

Los productores transformaron esa mezcla de sensaciones en un preciosa anuncio comercial; pero, como la mayoría de los anuncios virales, no gritan Budweiser durante todo el anuncio, de hecho, la marca sólo aparece al final del anuncio, en el momento que termina y lo hace de una manera inteligente con un hashtag #BestBuds.

3. Humor

El humor juega un papel muy importante en la

realización de videos virales. Por supuesto, el contenido varía y lo que hace que una persona le gusta es algo muy subjetivo, pero en general, algunas cosas son simplemente divertidas. Vea algunos anuncios de humor, tales como Old Spice de 'The Man Your Man" o el famoso video de Psy de "Gangnam Style", el video más visto en Youtube.

Estos videos se pueden compartir entre todos los grupos demográficos, porque apelan a casi todo el mundo. Ese es el poder del humor; hace un llamamiento a una mayor audiencia y si el video hace reír a la gente, se va a compartir.

4. Los niños y los animales

Por alguna razón los videos de niños y de animales, tanto si se usan juntos en un video o separados respectivamente, son muy seguidos Internet. Podría ser porque suele ser más difícil realizar un buen guión para un video con la participación de niños o de animales, ya que son más difíciles de controlar o, simplemente, porque son naturalmente más divertidos, lindos y genuinos.

Cualquiera que sea la razón, videos, como Charlie mordió mi dedo o Nutrias agarradas de la mano son las sensaciones de Internet debido a que son divertidos o muy lindos.

5. PARODIAS

Decenas de marcas han parodiado en sus propios videos a los videos más populares y en algunos casos, han logrado un gran éxito. El video de Miley Cyrus 'Wrecking Ball", por ejemplo, ha sido parodiado cientos de veces por numerosos individuos y marcas, pero, por supuesto que ayuda a que la cantante tiene millones de seguidores y ella está desnuda en el video original.

Los videos que aluden a la cultura popular de maneras divertidas, tontas o escandalosas tienen un gran potencial para ser virales. Video de Kanye West para Bound 2 es un ejemplo.

El video es tan ridículo que causó sensación en Internet y dio como resultado múltiples parodias, realizadas por personas diferentes en todo el mundo, entre uno de estos, Seth Rogen y otro por James Franco.

¿POR QUÉ SON TAN IMPORTANTES LAS EMOCIONES?

Profundizando en todo este concepto de utilizar el contenido emocional en videos de publicidad, se realizó un estudio por el Instituto Ehrenberg-Bass para la

Marketing Science, en un esfuerzo por entender cómo

las emociones juegan un papel en los medios de intercambio social. Después de analizar 355 mil millones de videos de un popular canal de distribución de video y plataforma de análisis, Karen Nelson-Field, investigador senior del Instituto encontró que los videos que desencadenaron emociones fuertes en los espectadores, tanto positivas como negativas, tenían el doble de probabilidades de ser compartidas a través de las redes sociales que los que contenían un mensaje sombrío.

El estudio también examinó las diversas emociones que se produjeron a partir de las personas que vieron los videos, y se encontraron con que las emociones positivas, principalmente la de euforia fueron las más efectivas en el desencadenamiento de acciones de compartir. La segundo emoción positiva que encontraron fue la alegría, y como los vendedores han descubierto, estas emociones ayudan a los espectadores a recordar el video y con suerte, la marca.

Mientras que las emociones son universales, también hay que recordar que las personas responden de manera diferente a los tipos específicos de emociones. Las emociones fuertes tienden a causar reacciones subjetivas que son bien entendidas por su público. Si mantiene su línea emocional de base en mente, le ayudará a hacer que el video sea de utilidad para su marca.

El video marketing puede hacer maravillas para su marca, pero se necesita esfuerzo considerable para sacar todos estos elementos juntos y crear un sistema que funcione.

Pocas personas entienden bien esto la primera vez; Incluso los vendedores más experimentados cometen errores durante el planteamiento de las estrategias en una campaña de marketing, pero siempre hay otro punto de vista para explorar, una nueva oportunidad por la que se puede llegar a la gente, por lo que el fracaso no debe de ser nada nuevo, experimentar es la única forma de lograr el éxito.

Utilice esta información como referencia cuando desee explorar el mundo del marketing de video, y deje que le guíe en la toma de videos que tienen un efecto positivo en su marca, pero recuerde que debe ser creativo, y que tiene que atreverse a llegar hasta donde otros no se atreven.

Cómo Utilizar el Video Concurso

Cada elemento de marketing digital tiene es sí mismo un gran potencial para alcanzar e influir en los consumidores. Considere la posibilidad de los medios de comunicación social, los medios ganados, el inbound marketing, el contenido generado por el usuario, el contenido generado por el consumidor, el outsourcing, el crowdsourcing, la co-creación, etc: todas ellas afectan a su marca. La evolución de estos y otros elementos han dado lugar a la masa de experimentación con los componentes más eficaces, como el video Concurso.

Llevar a cabo un video concurso exitoso no es una tarea fácil, pero si tiene a los participantes necesarios deberá hacer un buen concurso, deben de conseguir que la gente tenga ganas de participar. Asegúrese de hacer lo siguiente antes de lanzar su próximo video concurso:

Defina su objetivo

Este es el paso más crítico cuando se lanza un video concurso y un montón de gente puede hacerlo mal. Los vendedores lanzan concursos de video por diferentes razones y sin una meta u objetivo real sería difícil de medir el éxito o fracaso de todo el proceso.

Estas son algunas de las principales razones por las que los video concursos se han vuelto tan populares:

- ROI más alto que los costes de la producción creativa
- Mayor participación y tiempo dedicado a la marca
- Genera murmullo y boca a boca
- Recursos para crear ideas objetivo

Determine lo que espera lograr mediante la ejecución del concurso y los pasos que tienen que realizar hacia ese objetivo. Si se hace bien, el concurso debe producir múltiples beneficios.

SELECCIONE EL TEMA

Al decidir sobre un tema, es posible mantenerlo aspiracional y abrirlo lo suficiente a modo que los participantes puedan inyectar su propia personalidad. Esto puede ser difícil de hacer cuando se está comercializando un producto muy técnico pero aún así, trate de buscar más allá de las especificaciones del producto y considere lo siguiente:

- ¿Cómo encajará la marca en la vida de las personas?

- ¿Hay conversaciones que nacen en torno a su marca?, y si es así, ¿Qué uso tienen para el concurso?
- ¿Cómo se refleja el actual contenido generado por el usuario de la marca?

Los buenos temas obligan a los participantes a llevar el mensaje de la marca sutilmente.

LA BREVEDAD

El texto escrito es un componente crucial en la creación del concurso. Es como se comunican los aspirantes con los participantes y les permite saber qué hacer; por lo que en última instancia, tiene un tremendo impacto en el contenido que gira alrededor de la marca.

Como regla general: Recomiende a los participantes usar un lenguaje sencillo y breve, y establezca restricciones razonables. A menos que quiera que el contenido muestre imágenes específicas, no hay necesidad de introducir demasiadas imágenes. Use un lenguaje simple y comience con una historia inspiradora sobre la marca y lo que esta puede hacer por ellos. Sé breve e incluya los siguientes elementos:

- La personalidad y el tono que desea
- El público que los videos están apuntando
- Descripción de los recursos de los creadores tienen
- Si es necesario, un CTA a ser incluido en el video

- Las limitaciones establecidas

INCENTIVOS

La determinación del precio y los criterios para la selección de los ganadores es crucial para lograr no sólo a los mejores talentos, sino que será la base para lograr sus metas específicas. Los incentivos más básicos son dinero en efectivo, productos y paquetes de viajes, visibilidad comercial (podría significar la publicación de su trabajo en el sitio web o en TV), etc.

Con el fin de atraer a las personas más talentosas de sus redes, implemente un premio importante para el ganador (un mínimo de 10.000€), seleccionado por un jurado especial o por la propia marca siguiendo una criterios "aparentemente" justos.

Sin embargo, si su objetivo es atraer al público o generar el boca a boca, el ganador podría ser elegido de una forma más vistosa que los votos, y el premio deberá reflejar el esfuerzo, es decir, de la producción. Básicamente, pondere los precios de permios de acuerdo a sus objetivos.

LA PROMOCIÓN DEL CONCURSO

Los creativos suelen usar las comunidades/foros de

autoconocimiento de la web, pero incluso con el mejor tema y con el mejor premio, muchos concursos de video se ponen en marcha sin la ayuda de una comunidad experimentada con lo cual sus productos al final, pasan inadvertidos. Cuando promocione su concurso, el experto en comunidades sociales hará lo siguiente:

- Involucrar a las comunidades y grupos en plataformas como Facebook y LinkedIn, y otros foros específicos de su sector
- Publicará sus creatividades más atractivas en Twitter, Vimeo y YouTube
- Construir relaciones con los grupos de estudiantes y administradores de instituciones educativas
- Publicar varios mensajes con oportunidades en varias secciones en varios sitios web

Si desea intentar alcanzar un público mucho más amplio puede que tenga que contratar a un experto.

EL TIEMPO

El tiempo es crucial para el éxito del concurso. Por lo normal general, para crear un buen trabajo, crear un concurso le llevará varias semanas, tiempo suficiente para ir generando murmullos y rumores alrededor del concurso, para generar expectativa y lograr la atención del público. Marque un plazo máximo entre 8-16 semanas.

Otro factor crucial a considerar son los plazos para que

se presenten los participantes a los concursos. Programe las pruebas de selección tal manera que termine varias semanas después de que los otros concursos hayan terminado, por lo que no perderá a los potenciales participantes que abandonan la preselección por el cansancio de tener que esperar su turno.

Regla básica: No extienda la fecha límite del concurso, ya que eso haría ser un gran abuso de confianza y credibilidad y sería acabaría siendo perjudicial para sus concursos.

MODERAR EL CONTENIDO

No todas las plataformas de video concurso le permiten controlar el contenido entrante, pero aún así, deberá aprender cómo se puede moderar lo que los participantes están contestando.

La moderación tiene sus beneficios:

- Usted puede ayudar a los concursantes a mejorar sus respuestas en caso de que se pierda la marca
- Usted tiene más control sobre la identidad de su marca

Sea consistente cuando modera el contenido. Si el concurso tiene que adherirse a las instrucciones publicadas por escrito en la web, asegúrese de que todo el trabajo aprobado pasa por el mismo nivel de escrutinio.

UTILICE TODO EL CONTENIDO APROBADO

Es una pregunta que mucha gente se pregunta: ¿Qué hago con todos esos videos?

Algunas ideas para empezar a trabajar:

- Distribuir videos de buena calidad en sitios web como TubeMogul.com, y recuerde incluir las mejores prácticas de SEO para que puedan aparecer en los resultados de la búsqueda
- Incorporar algunos de los videos en su propio sitio web
- Ofrezca los videos en sus perfiles de redes sociales como una forma de impulsar compromiso
- Realice un nuevo concurso público con un buen premio para aquella gente que vota por el mejor y el mejor concursante ganador

COMPRENDER LA LEY

Todo video concurso posee algunas implicaciones legales por lo que si usted lanza el concurso por su cuenta o decide trabajar con un compañero, tenga en cuenta lo siguiente:

- Asegúrese de que su marca está protegida en cuanto a los derechos de autor
- Derechos del uso de los contenidos offline y online
- Establecer los términos y condiciones y establecer las reglas del concurso adecuadas

Cuando se lanza un concurso se obtiene una interpretación más verdadera de cómo la gente percibe su marca. Escuche a sus concursantes, participe con ellos y vea lo que puede aprender de su participación.

CÓMO HACER QUE TU VIDEO SE DESTAQUE DE SUS COMPETIDORES

Debido a su capacidad para contar historias y, por tanto, a influir en las personas emocionalmente, el video es la forma de publicidad más atractiva en cualquier medio. Cualquier tipo de mercado en el que esté trabajando, el video le da un poder inmenso para influir y provocar una respuesta positiva por parte de su público.

Hasta ahora ya ha aprendido lo que es el video marketing video y la forma de llegar a desarrollar una buena estrategia, ahora vamos a ver algunos consejos para obtener los videos más exitosos:

- Publique algunos testimonios de su producto, así logrará que cuando logre un mayor público, este pueda ver a gente que le encanta y adora su servicio o producto. Esto tendrá una gran influencia en su público ya que los testimonios de video no son fáciles de falsificar.
- Responder a las preguntas comunes. Usted puede hacer un video por cada pregunta, o si lo prefiere, crear un video para responder a un montón de preguntas.
- Abordar algunos de los factores que conducen a las objeciones de su público. Si sus clientes potenciales vienen con excusas para no tomar acciones, saber

cuáles son esas objeciones y hacerles frente; de esa manera que logrará estar más cerca de sus clientes potenciales.

- Subtitular un video existente. Si usted ya tiene un montón de videos de alta calidad, una manera de conseguir aún más visualizaciones es reproducirlo con subtítulos. Es posible que tenga que confirmar cualquier derecho de autor antes de producir el video.
- Grabar un video inspirador para su público. Esto podría estar orientado hacia un nicho específico con el fin de tener un efecto más potente, o puede encontrar un tema general que afecta al público en general.
- Cuente historias visuales. No se necesita mucho tiempo para crear un guión gráfico que lleve a la gente a través de una historia simple que transmite un mensaje al llegar al final.
- Consiga a una persona que tenga conocimientos sobre como aparecer en sus videos para enseñar. Cualquiera que sea la industria en la que opere
- Los gráficos Stop Motion son muy difíciles de hacer, pero si se puede llegar a hacer uno, estos tienden a ser virales.
- Si tiene el aspecto visual, pero no quiere utilizar su propia voz, puede contratar locuciones profesionales para hacer el trabajo por usted. Fiverr sería un buen lugar para empezar, y usted puede conseguir a un profesional para que lo haga por usted por lo menos 5$, también existe la versión española por 5€.
- Guía a tu audiencia a través de una experiencia. Por ejemplo, un seminario guiado o un ejercicio de escritura.

- Use PowerPoint para crear una presentación de diapositivas y narrar, guiando usted al público a través de las diapositivas.
- Anime a sus lectores a suscribirse y enviarles un video cada mese o envie un boletín de noticias en video exclusivo.
- Incluya video en su landing page o página de aterrizaje. Las landing page que cuentan con video tiende a conseguir conversiones más altas que otra forma de landing page.
- Enseñe a sus clientes potenciales un video del tipo "detrás de la escena" que detalla los entresijos, lo esencial de su negocio. A menos que tenga razones sólidas para no hacerlo, debería mostrarlo a su público porque a la gente les encanta ver lo que pasa "detrás de las escenas".
- De a conocer a su equipo a su público. De a conocer a todos, desde la personas que trabajan en las oficinas, a los chicos que contestan los teléfonos, y los chicos de logística.
- Elija el momento adecuado de subirse a cuestas de una tendencia actual que sea muy popular; por ejemplo, si se acercan las elecciones, cree un video electoral para mantener a la gente ocupada (que no sea partidista, más bien uno de humor).
- Planee cuidadosamente y lleve a cabo algún truco publicitario inteligente. Por ejemplo, puede hacer una payasada en público y tener a una persona que lo grabe. Pero tenga cuidado con publicidad "payasa" debido a que tienden a fracasar terriblemente si se hace mal o cuando se publican en el momento equivocado.
- Si usted tiene un tema que se relaciona con su vida personal, contar una historia sobre ella.

- Encuentre algo interesante para grabar y haga un video timelapse.
- Condensar el video en unos pocos minutos o segundos.
- Si no le importa la controversia, tome una posición inusual en un tema sensible o diga algo polémico.
- Encuentre tantas leyendas urbanas extrañas o divertidas y pruebe a refutar sobre ellos.
- Plantear una pregunta, o un rompecabezas, y luego responder a este en un video más adelante. Esto mantiene a la gente ocupada e interesado, y le permite mostrarles contenidos más tarde.
- Mostrar y contar como se utilizan las herramientas de su trabajo. Por ejemplo, si usted está haciendo un video how-to sobre la pesca, deberá obtener todas las diferentes herramientas necesarias para realizar el trabajo y mostrar cómo se utilizan. Dígales lo que no se debe hacer en situaciones específicas. Explique los errores comunes y muestre cómo evitarlos.
- Salga de la oficina y lleve a cabo una encuesta pública sobre un tema determinado. Pregunte a la gente preguntas al azar y publique el video para mostrar cómo la gente se siente sobre algún tema.
- Organiza una competición. Por ejemplo, podría organizar una competición de pesca y luego entrevistar al ganador. Grabar todo lo sucedido en la competición en video y publicarla para que la gente realice comentarios sobre la competición. Se les puede preguntar si han pescado algún pez raro, crear una app sobre la competición, etc
- Postee sobre los videos que han tenido una buena respuesta. Esto suele ser eficaz ya que podría conseguir ser presentado en la parte "videos

relacionados", donde podrá conseguir una gran cantidad de visitas.

- Cubrir un evento importante. Esto podría ser cualquier cosa, desde una feria comercial, un evento deportivo, seminario o conferencia.
- Muestre como es un día típico. Pídale a alguien que se grabe todo el día y luego lo acelera en producción de video para mostrar cómo pasa sus días de trabajo.
- Parodiar a una persona famosa o popular. Si usted da clases de piano, aparecer vestido como Elvis o Lady Gaga puede ser llamativo.
- Desembale un producto popular. Aquí, puede funcionar cualquier cosa; si eres un gamer, si usted es de los primeros en comprar, por ejemplo, la última Xbox de Microsoft, al resto de los gamer les encantará ver como es la nueva consola visto de otro consumidor más como él.
- Trabajar con otros vendedores exitosos de video y publicar el video en todas sus plataformas.
- Grabar un video de cámara oculta, y mostrar situaciones curiosas de la vida cotidiana.
- Crear una lista de consejos útiles, dando a los espectadores información exclusiva.

Estas son algunas de las formas en las que los vendedores de video experimentados consiguen que sus videos destaquen. Si desea que sus videos causen algún efecto, entonces tiene ser súper creativo. Si está encontrando dificultades para conseguir un enfoque único, siempre podría utilizar estos consejos para poner en marcha su canal de video. El video es una manera divertida y efectiva para comunicarse con sus clientes potenciales, mientras que consigue incrementar las ventas de sus productos o servicios.

TENDENCIAS DEL VIDEO MARKETING ONLINE

Vamos a concluir este libro con algunas tendencias de video marketing online. Los videos cortos se han apoderado de 2014 y las aplicaciones de video de corta duración tales como Vine han seguido dominando la industria del video marketing como un elemento clave de la estrategia digital de la mayoría de las marcas. Ha habido, sin embargo, un creciente énfasis en la calidad del video, debido a que cuanto más invierten las marcas para impactar en sus potenciales clientes, estos cada vez exigen videos más atractivos, más impactantes...de más presupuesto.

Además de la calidad, aplicaciones como Shazam Chirp.io y tienen que ser más influyentes. Chirp permite a los usuarios compartir fotos, contactos, páginas web y más que utilizan el sonido, donde la información “suena” de un teléfono a otro.

Atrás han quedado los días en que las grandes marcas dictaban que contenido podían ver o editar los consumidores: cada vez más gente está accediendo a los nuevos contenidos y están respondiendo de maneras muy diferentes. Las plataformas populares de emisión de video, tales como Vine y Instagram han hecho que la producción sea mucho más fácil y que los consumidores sean capaces de compartir contenido atractivo en un entorno más abierto.

Esto en sí mismo ha cambiado la forma en la que las empresas se aprovechan del marketing, y en muchos aspectos ha puesto a las marcas al mismo nivel que el consumidor, lo que garantiza una forma más ágil de comunicación donde la marca y los consumidores operan como socios iguales.

La Competencia Intensa

El mercado del video se ha vuelto más competitivo para los vendedores. Para destacar, los vendedores tienen que aprender cómo impactan los contenidos de video de sus empresas y encontrar la manera de crear videos para que estos lleguen a ser relevantes. Como la mayoría de las empresas invierten dinero y tiempo en el video, el papel más importante lo tiene el departamento de marketing, que tiene que asegurarse de que los videos de la compañía sean de fácil acceso, que generen acciones y que destaquen en un mercado muy concurrido.

Cuando se opera en un mercado lleno de gente, tiene que asegurarse de que el contenido se adapta a un público específico. Sea o no el contenido divertido, informativo, entretenido y atractivo, éste debería ajustarse a un determinado público con el fin de garantizar su éxito.

PLATAFORMAS MULTIVISIÓN

El hogar promedio tiene más de seis dispositivos conectados a Internet, por lo que los consumidores ya no están atados a un solo dispositivo: la gente está siempre en movimiento, y también lo está su contenido. Los vendedores han tenido que garantizar que todos los videos que producen se pueden acceder desde la gran variedad de plataformas, y de esta forma se ha mejorado aún más la evolución del video.

La publicidad móvil ha experimentado un enorme crecimiento en los últimos años. Sin embargo, mientras que hace un mucho tiempo la mayoría de los usuarios tenían 10 veces más probabilidades de recibir anuncios basados en imágenes en comparación con el video, el impacto de los anuncios de video casi ha blanqueado el concepto de publicidad basado en imágenes.

La publicidad de video se convirtiendo en algo más común en los dispositivos móviles, los vendedores tienen que adoptarse a una estrategia multiplataforma, de manera que les resulta más fácil conectar con el público a través de las diferentes plataformas.

JUNTAR CONTENIDO DE VIDEO

2014 ha visto una continuación de los videos de marca de las grandes empresas, PYMEs, así como de los micro negocios. Por ejemplo, juntando Volvo Trucks (Van Damme) y East West y lograron unos anuncios que han llegado a cifras asombrosas de visitas a través de múltiples canales, todo en un corto período de tiempo. Cisco afirma que los consumidores de video se duplicarán a 1,5 mil millones en 2016 y casi todas las compañías usarán principalmente el video para comunicar su marca a los consumidores.

Si bien aún no se ha visto que se vayan a lanzar grandes presupuestos en producciones de video online, un gran número de PYMEs y microempresas están aprovechando el poder de la publicidad del video online como una forma más eficaz para contar su historia y conectar con los consumidores.

LA MUERTE DE LOS VIDEOS DE FORMATO LARGO

Netflix es un centro de video online establecido y que ha logrado mantener una fuerte posición a pesar de una gran evolución y una dura competencia. Dicho esto, más productores y autores de contenidos están monetizando su contenido y estos van "directos al consumidor", lo que significa que están empezando a confiar menos en servicios como los que ofrece Netflix, Amazon o iTunes.

Varios productos out-of-the-box (soluciones preempaquetadas) ofrecen aplicaciones de cara al usuario y sistemas para la facturación electrónica que ya han llegado al mercado por lo que este cambio podría ser mucho más rápido.

Si bien existen muchos servicios al estilo Netflix, la mayoría de las empresas están eligiendo un modelo de negocio más híbrido que combina suscripciones y anuncios, al igual que hace Hulu/Hulu Plus.

EMAIL VIDEO MARKETING

El video email marketing ha sido en su mayor parte infrautilizada: lo cual es extraño, porque las empresas de marketing están de acuerdo en que es una de las formas eficaces de comunicarse con los consumidores online. Es muy posible que algunos de sus principales competidores aún no hayan descubierto la utilidad de los videos por email y eso significaría una gran oportunidad para usted.

Para muchos consumidores, la recepción de un correo electrónico con un mensaje de video es la manera más segura de conectar con ellos online. Otro punto de vista es que el video marketing por email puede simular ser una reunión cara a cara, lo cual genera más confianza. Una encuesta realizada por ReelSEO informó que el 82% de los vendedores que utilizan el video en sus campañas de correo electrónico lo consideran más eficaz.

Por lo general, la tecnología facilita la evolución del marketing digital y el 2014 ha visto más facilidad de uso, una mejor reproducción y más videos embebidos. Hay muchas maneras de integrar video en el video marketing y a lo largo del año vamos a seguir viendo las campañas más innovadoras, de eso estoy seguro.

MICRO VIDEOS Y LAS REDES SOCIALES

La principal tendencia en las redes sociales de este año ha sido ver video anuncios de 5-7 segundos de duración. Estos plantean un enorme desafío para los vendedores que tienen que romper la historia de la marca en pequeños trozos visuales, eficaces, pero que también son una gran oportunidad para mejorar la creatividad, con lo que podrá lograr que sus videos se compartan entre los diferentes públicos.

El concepto de usar pequeños pedazos en las redes sociales para contar historias de forma rápida y eficaz eran conceptos que sonaban mal hace algunos años atrás, pero esto nos viene a mostrar la gran capacidad que tiene la industria para el cambio.

A medida que más marcas se vuelven más inteligentes con sus anuncios, podemos esperar muchos más de las

PYME y de las microempresas para que comiencen a experimentar con este medio; y con el tiempo, lograrán un progreso real en el espacio social.

CONCLUSIONES FINALES

El marketing en el formato de video ofrece una variedad increíble de posibilidades debido a su enorme flexibilidad.

Lo que sí que está bastante claro, es que el video marketing es, y será, una herramienta crucial para potenciar la marca de su empresa, pero también es una herramienta muy potente a la hora de mejorar los ratios de conversión de su inversión en publicidad, ya que, debido a que el video es más cómodo de consumir, muestra mejor las características de los productos o servicios que se ofrecen, esto hace que los usuarios prefieran ver videos que leer textos o imágenes, que ni muestran tanto mensaje como el video, y acaban produciendo fatiga en el usuario.

Debido a la predilección de usuarios al video sobre el texto y las imágenes, no lleva a sacar la conclusión de que el mejor formato para mostrar nuestros productos, servicios y nuestra empresa o negocio, es mediante la producción de video, que aunque es más costosa que la producción de texto e imágenes, acaba logrando mejores resultados en todos los ámbitos referidos a la imagen y las ventas de su empresa.

Espero que con este libro usted haya podido hacerse una idea de lo que quiere implementar en su negocio y como trazar una línea estratégica para llevar a cabo sus proyectos.

EDITORIAL

IT Campus Academy es una gran comunidad de profesionales con amplia experiencia en el sector informático, en sus diversos niveles como programación, redes, consultoría, ingeniería informática, consultoría empresarial, marketing online, redes sociales y más temáticas envueltas en las nuevas tecnologías.

En **IT Campus Academy** los diversos profesionales de esta comunidad publicitan los libros que publican en las diversas áreas sobre la tecnología informática.

IT Campus Academy se enorgullece en poder dar a conocer a todos los lectores y estudiantes de informática a nuestros prestigiosos profesionales, como en este caso **Marcos Socorro Navarro**, experto en producción y edición audiovisual con más de 10 años de experiencia, que mediante sus obras literarias, podrán ayudar a nuestros lectores a mejorar profesionalmente en sus respectivas áreas del ámbito informático.

El Objetivo Principal de **IT Campus Academy** es promover el conocimiento entre los profesionales de las nuevas tecnologías al precio más reducido del mercado.

REFERENCIA BIBLIOGRÁFICA

Para complementar su formación sobre el video marketing, le recomiendo la lectura de los siguientes libros:

- YouTube and Video Marketing: An Hour a Day, de Greg Jarboe, Brian Cusack
- Video Marketing For Dummies, de Kevin Daum, Bettina Hein, Matt Scott
- YouTube Video Marketing Secrets Revealed: The Beginners Guide to Online Video Marketing, Montina "Sparkwisdom" Portis
- Marketing Digital, de Patricia González R.
- El Fraude en Internet. Mejor conocerlos que caer en ellos, de Aarón Rojo Bedford

www.ingramcontent.com/pod-product-compliance
Lightning Source LLC
LaVergne TN
LVHW021948220826
846091LV00015B/4127
9781536851137